Julia Warkenti

*30 Tage Stress-Detox*

Julia Warkentin

# 30 TAGE STRESS-DETOX

Eine Anleitung zum Auftanken und Loslassen

neukirchener verlag

MIX
Papier aus verantwortungsvollen Quellen
FSC® C014138
FSC
www.fsc.org

Bibliografische Information der Deutschen Nationalbibliothek:
Die Deutsche Nationalbibliothek verzeichnet diese Publikation in der Deutschen Nationalbibliografie; detaillierte bibliografische Daten sind im Internet über http://dnb.d-nb.de abrufbar.


Umschlaggestaltung: Agentur 3Kreativ, Essen, unter Verwendung eines Bildes von © shutterstock_Patty Chan
Illustrationen: Julia Warkentin, München
Lektorat: Anja Schäfer, Hamburg
DTP: Breklumer Print-Service, www.breklumer-print-service.com
Verwendete Schriften: ITC Goudy Sans, Bembo
Gesamtherstellung: Finidr, s.r.o.
Printed in Czech Republic
ISBN 978-3-7615-6528-5

www.neukirchener-verlage.de

# Inhalt

# Bevor du startest

## *Stress-Detox – was soll das sein?*

„Mir ist alles zu viel. Ich hab gerade einfach extrem viel Stress. So müde und erschöpft hab ich mich noch nie gefühlt. Ich will einfach nur schlafen und endlich mal nichts müssen."

Wem diese oder ähnliche Sätze durch den Kopf gehen, der ist vertraut mit dem Gefühl der Überforderung. Sich gestresst, überfordert oder sogar ausgebrannt zu fühlen, gehört für viele Menschen zum Alltag und zum normalen Grundgefühl ihres Lebens. Die Weltgesundheitsorganisation (WHO) bezeichnet Stress als eines der größten Gesundheitsrisiken des 21. Jahrhunderts.

Vor einigen Jahren schrieb ich das Buch „7 Wochen ohne Überforderung". Es war entstanden aus der Idee, in der Fastenzeit auf Stress und Überlastung zu verzichten, statt nur etwa bestimmte Nahrungsmittel zu fasten. Schnell war das Buch vergriffen. Dank der vielen Reaktionen auf das Buch merkte ich, dass ich thematisch einen wichtigen Punkt aufgegriffen hatte. Gleichzeitig lernte ich immer mehr Menschen kennen, die aufgrund von extremen und lange andauernden Stresszeiten körperliche und seelische Symptome entwickelten, bis hin zur Diagnose Burnout. So entstand die Idee, das Thema weiterzuentwickeln, diesmal nicht gekoppelt an eine bestimmte Zeit des Kirchenjahrs, sondern als 30-Tage-Experiment, das sich jederzeit in Angriff nehmen lässt.

Momentan begegnet mir in Büchern, Zeitschriften und Internet häufig die Idee des „Detox“ – der Entgiftung: Man trinkt grüne Smoothies, entschlackt Körper und Darm mit Tees, isst basische Lebensmittel, lässt toxische weg und versucht, auf die eine oder andere Art Giftstoffe im Körper loszuwerden. Eines der heftigsten Gifte im Körper ist aber der Hormoncocktail aus Adrenalin und Cortisol. Er wird durch andauernden Stress in unserem Körper ausgeschüttet. Stehen Stress und Überforderung nicht in einem gesunden Wechsel mit Entspannungszeiten, können sie in Körper, Geist und Seele wie Gift wirken und nicht nur zu psychischen, sondern auch zu körperlichen Problemen führen. Ein ständiger Alarmzustand im Körper greift nachweislich das Herz an, schwächt die Immunabwehr, kann dick machen und torpediert das Gedächtnis.

Allerdings ist unser Stressempfinden sehr subjektiv. Jeder Mensch muss daher eigene Lösungen finden, mit Belastungen im Leben umzugehen. Dieses Buch bietet in 30 Tagen Impulse, um Stress und Überforderung im eigenen Leben zu begegnen. Wie in einer selbstverordneten Entgiftungskur geht es darum, der eigenen Überforderung auf die Spur zu kommen und passende Strategien und Ansätze zu entwickeln, um innere Stabilität und Ruhe zu finden und zu bewahren. Eigene Gewohnheiten zu verändern, ist nicht immer ein Spaziergang, sondern die 30 Tage sind durchaus intensiv und auch mal anstrengend. Doch die Aussicht ist mehr als verlockend: Wir stellen uns der Arbeit, damit langfristig mehr Ruhe einkehrt.

Ein Detox-Programm hilft in der Regel dabei, für eine Weile auf Giftstoffe zu verzichten und baut gleichzeitig durch die Zuführung von gesunden und stärkenden Nährstoffen eine gesunde Balance auf, die neue Energie und Kraft verleiht. Ganz ähnlich soll es in den nächsten Wochen darum gehen, in Bezug auf Stress giftige Mechanismen zu identifizieren und zu reduzieren und gleichzeitig herauszufinden, was stärkt und Energie gibt.

### *Stress – wo kommt er her und wo führt er hin?*

Mehr als die Hälfte der Deutschen gaben 2016 in einer Umfrage der Techniker-Krankenkasse an, dass sie sich häufig oder manchmal gestresst fühlten. Bei Vollzeit-Berufstätigen waren es sogar 77 Prozent der Befragten. Kein Wunder: Der Zeitgeist verlangt, dass wir immer noch mehr Dinge in unserem Leben bewältigen. Wir sollen schön, fit und energiegeladen sein, erfolgreich in der Karriere, gute Eltern von glücklichen Kindern und dabei noch Freundschaften pflegen und Hobbys, uns ehrenamtlich engagieren, politisch interessieren, E-Mails direkt beantworten, Social-Media-Profile pflegen, uns über das Tagesgeschehen auf dem Laufenden halten und natürlich beständig an unserer Selbstoptimierung arbeiten. Um da nicht in Stress zu geraten, braucht man ein dickes Fell.

Dabei ist Stress zunächst einmal nichts Schlechtes. Kurze Phasen mit großen Herausforderungen können uns zu Höchstleistungen anspornen und machen das Leben für viele erst so richtig spannend. Problematisch wird es, wenn sich Stressphasen nicht mehr mit Erholungsphasen abwechseln und das Gefühl der Herausforderung zu einem andauernden Gefühl der Überforderung wird.

Für Stress und Überforderung gibt es in der Regel keine schnellen und einfachen Lösungen. Das Zusammenspiel aus inneren und äußeren Faktoren, durch die Stress entsteht, ist komplex – und das Gefühl von Überforderung meist sehr subjektiv.

Eine Situation, die bei dem einen regelrechte Panik auslöst, ist für den anderen möglicherweise wie ein Kinderspiel zu bewältigen. Eine Präsentation vor hundert Personen treibt manchen den Angstschweiß auf die Stirn, andere können es kaum erwarten, auf die Bühne zu treten. Ein Familienfest zu organisieren, bedeutet für den einen die pure Folter, für den anderen ist es das Highlight des Jahres. Fakt ist, dass jeder Mensch unterschiedlich belastbar ist und ein anderes Stressempfinden hat.

Doch egal, wie stabil und belastbar wir uns auch fühlen, manchmal kommen einfach viele einzelne äußere Faktoren zusammen, die als geballte Ladung auch den stabilsten und leistungsstärksten Menschen unter Druck setzen. Eine herausfordernde Phase im Job, kranke Kinder, mehrere schlaflose Nächte in Folge, unerwartete Probleme und Sorgen im persönlichen Umfeld – und schon steht sie vor der Tür: die Überforderung.

Dieses Buch kann und will nicht die eine Ursache beschreiben und die eine dazu passende Lösung nennen, sondern es möchte dazu ermutigen, ein individuelles Stress-Detox-Experiment zu starten. Manche werden denken, 30 Tage auf Überforderung zu verzichten, wäre gar kein Problem, wenn sie die Möglichkeit hätten, einfach 30 Tage Urlaub zu nehmen und aus allem auszusteigen. Dann lägen sie am Strand, genössen die Schönheit der Natur und es gäbe gar keine Überforderung im Leben. Aber die wenigsten von uns haben eben die Möglichkeit dazu.

Und mal ehrlich: Viele von uns versuchen diesen kurzen Ausstieg aus dem Alltag jedes Jahr erneut im Sommerurlaub – mit mäßigem Erfolg. Wir sehnen uns das ganze Jahr nach Urlaub, dem lang erhofften

Ausbruch aus dem Alltagsstress. Dann steigen wir für kurze Zeit aus und danach geht es genauso hektisch weiter. All die schöne Erholung ist nach ein paar Tagen dahin und das Gefühl der Überforderung größer als zuvor. Schwieriger – aber erfolgversprechender – ist es, die Überforderung mitten im Alltag herunterzufahren und sich den täglichen Anforderungen zu stellen, ohne dabei erneut in Stress zu geraten.

Du kannst dieses Buch alleine für dich lesen. Es bietet sich aber auch an, es gemeinsam mit einem guten Freund oder einer Freundin, deinem Partner oder sogar gemeinsam in einer Gruppe durchzuarbeiten, damit ihr euch immer wieder über die einzelnen Themen austauschen könnt. Ich selbst hatte beim Schreiben mich und unterschiedliche Freunde im Kopf, deswegen habe ich mich entschieden, die persönlichere Anrede zu wählen und dich als Leser oder Leserin zu duzen. Und natürlich schreibe ich auch über eine Menge sehr privater Themen, über die ich häufig nur mit guten Freunden spreche. Da passt das „Du" einfach besser.

## *Auf der Überholspur*

Stell dir vor, du hast einen langen Weg vor dir und fährst auf der Autobahn. Die meisten fahren links auf der Überholspur und versuchen, an allen vorbeizurauschen und so schnell wie möglich voranzukommen. Ich selbst ertappe mich bei längeren Fahrten immer wieder dabei, wie ich alles aus meinem Auto herausholen möchte und unter höchster Anspannung die gesamte Strecke so schnell wie möglich hinter mich bringen will. Manchmal merke ich gar nicht, wie schnell ich fahre, und wenn es mir dann doch auffällt, überlege ich, ob ich es wirklich so eilig habe. Hin und wieder entscheide ich mich dann bewusst, mir Zeit zu lassen, die nächsten Kilometer auf die langsamere Spur zu wechseln, vielleicht sogar hinter einem Laster herzutuckern. Und wenn ich keinen Zeitdruck habe, fahre ich möglicherweise bei einem schönen Aussichtspunkt oder einem kleinen Waldparkplatz ab und atme tief durch. Das Lustige ist, dass ich meistens nur ein paar Minuten später, dafür aber entspannt und gut gelaunt an meinem Ziel ankomme.

Dieses Buch möchte dich in den nächsten Wochen dabei unterstützen, den Fuß vom Gaspedal zu nehmen und immer wieder schöne Aussichtsplätze anzusteuern. Statt höher, schneller, weiter, mehr soll es in den nächsten Wochen heißen: langsamer, tiefer, weniger, aufmerksamer und ruhiger. Ich möchte dich einladen, auf dieser Reise Unterschiedliches auszuprobieren, anzugehen und umzudenken. In täglichen Impulsen geht es darum, den Ursachen der Überforderung auf die Schliche zu kommen und individuelle Strategien für dich zu entwickeln, damit du mit den Anforderungen deines Lebens anders umgehen kannst – ohne in eine neue Überforderung zu rutschen. Einen Schatz, den ich in meinem persönlichen Umgang mit der Überforderung gefunden habe, ist ein tiefer Glaube an Gott, einen liebenden Vater im Himmel, den ich durch Jesus Christus immer besser kennenlerne. Daher ist dieses Buch getragen von persönlichen Beispielen und auch Zitaten aus der Bibel, bei denen es um den Umgang mit Überforderung geht. Vielleicht teilst du diesen Glauben, vielleicht kannst du damit wenig anfangen, aber ich möchte dir diese Entdeckungen nicht vorenthalten.

### *Stumpfe Axt – scharfe Axt*

Bei den meisten der kurzen Kapitel wirst du Fragen, Anregungen und Impulse finden. Diese Impulse zu lesen, darüber nachzudenken und das eine oder andere umzusetzen, wird Zeit kosten. Das ist nicht gerade einfach, wenn ohnehin schon alles eng getaktet ist. Aber du wirst Zeit investieren müssen, wenn du der Überforderung entgegentreten möchtest. Vielleicht kennst du die Geschichte vom Holzhacker mit der stumpfen Axt: Ein Wanderer kommt im Wald an einem Mann vorbei, der im Schweiße seines Angesichts Holz hackt. Der Holzstapel, den er noch bearbeiten muss, ist groß. Seine Axt ist stumpf, die Arbeit ist mühsam und geht langsam voran. Der Wanderer, der den Holzhacker eine Zeit lang beobachtet hat, spricht ihn an und fragt, ob es nicht sinnvoller sei, zunächst seine Axt zu schärfen. „Das würde ich ja gerne", antwortet dieser und deutet auf den großen Holzstapel, „aber ich habe keine Zeit. Ich muss Holz hacken."

Wenn du dir die Zeit nimmst, dein eigenes Tun zu analysieren, ist es so, als würdest du ab und zu deine Werkzeuge schärfen, damit du danach besser und mit mehr Freiraum weiterarbeiten kannst. Im Buch selbst geht es daher auch immer wieder darum, wie du dir Freiräume schaffen kannst, sodass die Last und damit die Überforderung wirklich geringer wird. Mit den Gedanken aus diesem Buch entwickelst du wahrscheinlich auch viele eigene Ideen, die du ausprobieren und umsetzen willst. Deswegen möchte ich dir empfehlen, dir eine Art Tagebuch zu besorgen, um deine Gedanken während der nächsten 30 Tage festzuhalten. Natürlich kannst du dir auch direkt in diesem Buch Notizen machen und es als eine Art Arbeitsbuch verwenden. Der begrenzte Zeitraum von 30 Tagen hilft, einfach mal zu experimentieren, neue Ideen auszuprobieren und umzusetzen.

Und jetzt wünsche ich dir einen guten Start!

# Tag 1: Der Stress-Check

Wie entsteht eigentlich Stress in unserem Leben? Grundsätzlich gibt es ganz unterschiedliche Faktoren und Ursachen, die Menschen unter Druck setzen können. Es kann sich um andauernde Zustände handeln wie das Leben an einem Ort mit hoher Wohndichte und Lautstärke oder eine permanente wirtschaftliche Not und andauernde Existenzängste. Und dann gibt es schwerwiegende Lebensereignisse wie Krankheit, Tod, ein heftiger Konflikt oder plötzliche Arbeitslosigkeit, die massiven Stress bedeuten. Zuletzt kann Stress auch durch viele kleine, alltägliche Stressfaktoren ausgelöst werden wie zum Beispiel unfreundliche Vorgesetzte, Streit in der Familie, Schulprobleme, ständige Unterbrechungen bei der Arbeit oder das beständige Gefühl, den täglichen Aufgaben aufgrund von Komplexität und Menge niemals Herr werden zu können. Interessanterweise sind es oft diese kleinen, anhaltenden Stressoren, die uns eher chronisch krank machen als einmalige große Lebensereignisse.

Am Ende ist Stress aber immer subjektiv. Er entsteht aus meinen Umständen und meiner individueller

Einschätzung und Deutung dieser Umstände. Wenn du eine Situation so bewertest, dass sie deine eigenen Möglichkeiten und Fähigkeiten übersteigt, dann entsteht für dich das Gefühl von Stress. Deswegen gibt es immer zwei Lösungsansätze, um Stress zu bewältigen: Entweder du versuchst, etwas an den äußeren Umständen zu ändern, die dich unter Stress setzen, oder du versuchst, an deiner eigenen Deutung und Einstellung zu diesen Umständen zu arbeiten.

In den nächsten Tagen werden wir die unterschiedlichen Arten von Stress und Überforderung untersuchen und du wirst konkrete, umsetzbare Tipps bekommen, wie du damit umgehen kannst. Vorher möchte ich dich einladen, erst einmal zu prüfen, wo du im Moment stehst – so wie man bei einem Auto vor einer langen Fahrt den Ölstand, den Reifendruck und die Tankfüllung prüft oder bei einem Arztbesuch als Erstes den Blutdruck misst.

Wie gestresst fühlst du dich im Moment? Wenn du auf einer Skala von 1 bis 10 angeben müsstest, wie hoch das Level deiner Überforderung ist, was wäre deine Antwort – wenn 1 bedeutet: „Ich bin total entspannt und habe das Gefühl, dass ich mein Leben gut bewältigen kann" und 10 bedeutet: „Ich fühle mich von meinem Leben in einer Art und Weise überfordert, dass ich kaum noch atmen und denken kann"?

Entscheide dich für eine Zahl und schreibe sie auf:

Bist du überrascht? Bist du überforderter, als du gedacht hast? Oder ist es vielleicht weniger schlimm?

Welche Umstände stehen hinter dieser Zahl? Was ist gerade in deinem Leben los? Und was denkst du darüber?

Nun versuche, dich an eine Zeit in deinem Leben zu erinnern, in der du dich wenig oder gar nicht überfordert gefühlt hast. Was ist die niedrigste Zahl der Überforderung, die du aus deinem Leben kennst?

Wann war das? Versuche, dich kurz in diese Zeit zurückzuversetzen.

In welchen äußeren Umständen hast du dich zu dieser Zeit befunden? Was hast du in dieser Zeit über dich selbst, über Gott, deine Mitmenschen und das

Leben gedacht? Schreibe Sätze oder Stichpunkte auf, die dir dazu einfallen.

Geh gedanklich noch einmal zurück zu der Zahl der Überforderung, bei der du im Moment stehst. Wenn du dafür sorgen möchtest, dass die Zahl auf der Skala morgen um einen Punkt geringer ist, was müsstest du dafür denken oder tun?

In den nächsten Tagen und Wochen wird es noch viele interessante Anregungen geben, die du ausprobieren kannst, aber vielleicht hattest du auch schon eine spontane Idee, als du dir die Fragen zu deinem aktuellen Stand der Überforderung gestellt hast. Gibt es etwas, das du dir für heute oder die nächsten Tage konkret vornimmst?

Das möchte ich umsetzen:

# Tag 2:
# Oasen im Alltag

Wenn ich mich dabei ertappe, dass ich zu lange und zu schnell auf der Überholspur gefahren bin, kann es dran sein, erst einmal einen Rastplatz aufzusuchen. Mit Rastplatz meine ich hier nicht einen grauen Parkplatz mit überteuertem Essen und Sanifair-Toiletten. Ich rede von einem Ort, an dem ich für ein paar Minuten zur Ruhe kommen kann und bewusst durchatme.

Halte einen Moment inne und denke an einen besonders schönen Ort, bei dem du richtig auftanken kannst. Stell dir vor, du fährst von der Straße ab und gelangst an diesen Ort. Male dir diesen Ort kurz in Gedanken aus. Wie sieht er aus? Wie riecht es dort? Vielleicht nach Blumen oder erdigem Waldboden oder leckeren Vanilleplätzchen? Was hörst du dort? Vögel, leise Musik oder vielleicht auch absolute Stille? Gibt es an dem Ort eine Sitzgelegenheit, auf der du dich niederlassen möchtest?

Atme ein paar Mal bewusst durch und genieße diesen Ort.

Ist es nicht faszinierend, dass wir nur in Gedanken Orte betreten können, bei denen wir automatisch zur Ruhe finden? In deiner Fantasie kannst du das Bild verändern, umgestalten und mit Details anreichern, bis du dir einen rundum schönen Entspannungsort geschaffen hast.

Ich habe mir angewöhnt, jeden Tag mit einer Zeit zu starten, an dem ich einen solchen innerlichen Ruheort aufsuche. Für mich ist dieser Ort verknüpft mit einer morgendlichen Begegnung. Denn von meinem persönlichen Rastplatz aus fange ich an, mit Gott zu sprechen. Jesus hat einmal gesagt: „Kommt her zu mir, alle, die ihr mühselig und beladen seid; ich will euch erquicken. Nehmt auf euch mein Joch und lernt von mir; denn ich bin sanftmütig und von Herzen demütig; so werdet ihr Ruhe finden für eure Seelen. Denn mein Joch ist sanft, und meine Last ist leicht" (Matthäus 11,28-30 LUT). Wenn ich diese Verse lese, dann bekomme ich Sehnsucht nach dieser inneren Ruhe, nach der Erfrischung. Jesus lädt in diesen Versen alle ein, die sich überfordert fühlen, zu ihm zu kommen und sich erfrischen („erquicken") zu lassen.

Ich nehme diesen Vers ganz wörtlich und stelle mir vor, wie ich zu Jesus komme und mich bei ihm hinsetze, und dann spreche ich die Bitte aus, dass er mich erfrischt. So wie eine Umarmung einem Kraft gibt, so ist mein Start in den Tag mit einer göttlichen Umarmung für mich ein Muntermacher. Ich weiß nicht, ob du selbst überhaupt etwas mit Gott und dem Gebet anfangen kannst. Doch egal, wie deine Einstellung dazu ist – dieser Bibelvers ist wie das Hinweisschild an einer Autobahn, das einen Rastplatz ankündigt, und du kannst dich entscheiden abzufahren.

Stell dir vor, du sitzt oder stehst nun an dem wunderschönen Ort, den du dir vorhin in deiner Fantasie ausgemalt hast. Genieße diesen Ort eine Weile. Und wenn du möchtest, dann rede mit Gott: Erzähle ihm, was dich müde macht und erschöpft. Und bitte ihn um diese Erfrischung. Du kannst deine Gedanken oder euren Dialog auch aufschreiben.

In den nächsten Wochen werde ich immer wieder solche Hinweisschilder zu Rastplätzen vorstellen. Wann immer du das Gefühl hast, dass alles zu viel wird, kannst du in deinen Gedanken einen Rastplatz aufsuchen und wenn du möchtest, ihn mit Gebet verknüpfen, um Gott um neue Kraft zu bitten. Natürlich kannst du auch ganz reale Orte aufsuchen, an denen du dich wohlfühlst und gut zur Ruhe kommst.

Plane für die nächsten Wochen Zeiten an Rastplätzen ein. Sei dabei so konkret wie möglich, zum Beispiel indem du diese Zeiten in deinen Terminkalender einträgst oder deinen Wecker stellst. An deinem Ruheort kannst du dann jeden Morgen den nächsten Impuls aus diesem Buch lesen.

# Tag 3: Mein innerer Garten

Gestern ging es um Rastplätze und Ruheorte, die wir betreten können. Ich stelle mir gerne vor, dass ich einen solchen Ort der Erholung in mir trage, eine Art inneren Garten. Mir gefällt das Bild, dass jeder Mensch einen inneren Garten hat. Dieser Garten ist unser Leben, das wir im Inneren und im Äußeren selbst gestalten können – ein Zusammenspiel aus Körper, Seele und Geist.

Wenn etwas kaputt ist und repariert werden soll, lohnt es meist, noch einmal den Prototypen zu betrachten, sozusagen die Ursprungsidee, und in die Be-

dienungsanleitung zu gucken. Das Buch „Genesis", das erste Buch der Bibel, erzählt, dass der Mensch in einen wunderschönen Garten gesetzt wurde: „Gott, der Herr, brachte den Menschen in den Garten von Eden. Er gab ihm die Aufgabe, den Garten zu bearbeiten und ihn zu bewahren" (1. Mose 2,15 HfA). Es ist unsere Verantwortung, unseren inneren Garten zu bebauen und zu bewahren. Du entscheidest, was in deinem Garten wachsen soll. Wie in einem Garten gibt es bestimmte Gesetzmäßigkeiten in unserem Leben: Wenn ich mich nicht bewusst um meinen inneren Garten kümmere und dort gezielt etwas anbaue, aussäe, unerwünschtes Unkraut jäte und ausufernde Pflanzen zurechtschneide, wird mein Garten ein Eigenleben entwickeln. Hast du schon einmal einen richtig verwilderten Garten gesehen? Unkraut und Dornen wachsen meistens von alleine und überwuchern ursprünglich angelegte Beete und Wege. Auch manche zunächst gute und erwünschte Pflanzen oder Bäume haben die Angewohnheit, sich auszubreiten und anderes zu verdrängen. Und es gibt sensible Pflanzen, die besondere Aufmerksamkeit und Pflege brauchen, damit ich mich später an den Blumen oder Früchten freuen kann. Oft sind genau solche Pflanzen besonders schön. Manchmal vergessen wir unseren eigenen inneren Garten und kümmern uns nur um die Gärten anderer Menschen. Irgendwann kommen wir zurück und merken, dass unser eigener Garten wie vertrocknet ist und einen Teil seiner Schönheit verloren hat. In den Sprüchen der Weisheit in der Bibel heißt es „Vor allen Dingen behüte dein Herz, denn aus ihm entspringt das Leben“ (Sprüche 4,23).

Wenn du feststellst, dass du dich wie innerlich tot und ausgebrannt fühlst, kann es sein, dass du deinen Garten, dein Inneres, vernachlässigt hast. Wenn wir uns nicht liebevoll um unseren inneren Garten kümmern, haben wir irgendwann mit einer inneren Wüste, einem überwucherten Distelchaos oder auch mit giftigen Pflanzen zu tun, die sich ohne unser Zutun ausgebreitet haben.

Als ich mein eigenes Leben unter dem Blickwinkel des inneren Gartens betrachtet habe, ist mir aufgefallen, dass es Zeitfresser gibt, die in meinem Leben andere Dinge, die mir wichtig sind, überwuchern und verdrängen zum Beispiel Fernsehserien oder die Beschäftigung mit dem Smartphone. Kommt dir das bekannt vor? Für mich ist es deshalb wichtig, mir selbst klare Grenzen zu setzen, zum Beispiels die erste Stunde am Morgen nicht direkt zum Handy zu greifen, weil ich weiß, dass ich sonst gleich beim Lesen der neuesten Nachrichten hängenbleibe. Manche Zeitfresser habe ich auch schon komplett verbannt, weil ich erlebt habe, dass sie sich trotz Begrenzungen zu breit machen – mein Fernseher zum Beispiel (und seitdem es zahlreiche Fernsehmöglichkeiten im Internet gibt, muss ich mir wieder neue Strategien ausdenken). Du entdeckst möglicherweise etwas ganz anderes in deinem Garten. Auch wichtige und gute Pflanzen können sich so ausbreiten, dass sie alles andere überschatten und verdrängen, etwa eine berufliche Tätigkeit, die so viel Raum einnimmt, dass für Freunde und Familie oder für Ruhe und Genuss kaum noch Zeit bleibt. Vielleicht arbeitest du auch permanent an deinem inneren Garten und optimierst dich ständig selbst, aber nimmst dir keine Zeit, einfach in deinem Garten zu sitzen, die Zeit zu genießen und nur zu sein statt immer zu tun.

Kannst du mit dem Bild von dem Garten etwas anfangen? Du kannst dir eine Skizze von deinem inneren Garten anfertigen, wie er momentan aussieht. Wenn du Lust auf Kreativität hast, kannst du ein richtiges Bild malen. Eine einfache Skizze, in die du Stichpunkte schreibst, funktioniert aber auch. Auf der nächsten Seite findest du einen Kreis, auf dem schon unterschiedliche Lebensbereiche vermerkt sind. Du kannst ihn als Startpunkt nutzen. Wichtig ist, im Hinterkopf zu behalten, dass alle diese Themen natürlich keine separaten Lebensbereiche sind, wie eingegrenzte Beete in einem Garten, sondern dass sie sich überschneiden und miteinander verwoben sind. Aber die Aufteilung kann dir helfen, einmal verschiedene Lebensbereiche genauer zu betrachten. Wo wächst Gutes, wo Unkraut? Wo überwuchern Pflanzen – egal ob Nutzpflanze oder Schädling – bestimmte Bereiche und ersticken andere Pflanzen? Wovon hättest du langfristig gern mehr in

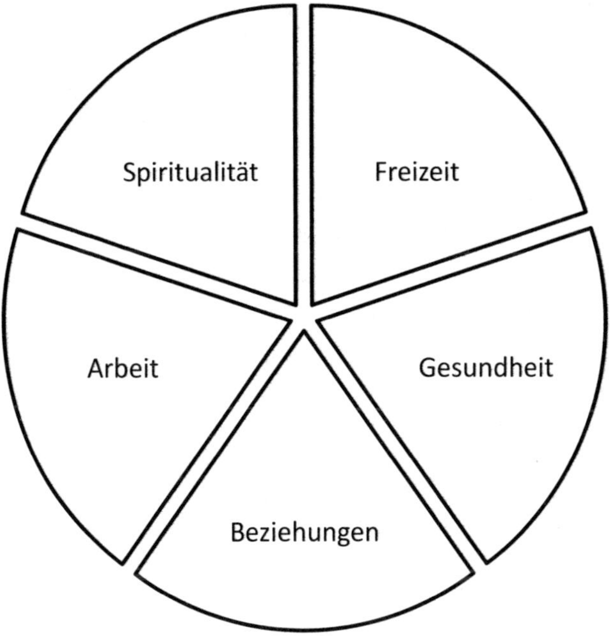


deinem Leben? Wo hast du deinen Garten vernachlässigt? Du kannst das Bild vom Garten auch noch weiterdenken: Liegen in deinem Garten Felsbrocken (etwa Verletzungen), die Leben und Wachstum an bestimmten Stellen begrenzen? Welche Menschen sind in deinem Garten? Wen möchtest du hineinlassen und wen lieber nicht? Vielleicht kommen dir beim Skizzieren und Notieren auch noch weitere und ganz andere Ideen, die dir helfen, dein Leben in seinen verschiedenen Facetten einmal genauer zu betrachten.

Mein innerer Garten ist der Ort der Begegnung mit mir selbst, der Ort der Lebendigkeit und auch der Begegnung mit Gott. Wenn ich mich in meinem inneren Garten zu Hause fühle, kann ich den Stürmen des Lebens sehr viel besser trotzen.

Wenn du dir deinen inneren Garten ansiehst, fällt dir etwas auf, das du in den nächsten 30 Tagen entfernen, begrenzen oder neu anbauen möchtest?

______________________________________________

______________________________________________

Wie viel Zeit verbringst du in deinem inneren Garten? Könnte es dran sein, die Schönheit deines inneren Gartens neu zu genießen und wertzuschätzen? Wenn ja, wie könnte es gelingen?

______________________________________________

______________________________________________

# Tag 4: Kassensturz

Vielleicht kennst du dieses diffuse Gefühl, dass gerade einfach unglaublich viel ansteht und irgendwie alles zu viel ist. Am besten kannst du dir klar machen, was gerade wirklich so los ist, wenn du alle Aufgaben in Ruhe aufschreibst. Mir hilft es, mich hinzusetzen und erst einmal alles zu notieren, was mir spontan einfällt. Meistens brauche ich dafür nur ein paar Minuten:

Welche wichtigen Themen stehen dieses Jahr an?

Welche wichtigen Themen stehen diesen Monat an?

Welche wichtigen Themen stehen diese Woche an?

Dazu ein kleiner Tipp: Wenn du dir eine Aufgabenliste anlegst, schreibe alle Aufgaben in eine Liste. Wenn du Aufgaben bisher an unterschiedlichen Orten notiert hast, sammele alle und führe sie zusammen. Mehrere Listen und Zettel schaffen nur Verwirrung und vergrößern das Gefühl der Überforderung. Ergänze die Liste mit den Aufgaben, die jeweils neu dazukommen, und streiche Erledigtes durch. Ich selbst führe diese Liste auf meinem Smartphone. Andere nutzen ein Notizbuch mit Kalender. Auf Basis dieser Gesamtliste kannst du langfristig planen, was wann erledigt werden sollte und gleichzeitig jeden Tag kurz überlegen, was genau heute ansteht.

Wenn ich mir eine schriftliche Übersicht verschafft habe, hört bei mir das diffuse Gefühl der Überforderung auf. Manchmal zeigt sich, dass es gar nicht so schlimm ist, wie ich dachte. Dass es zwar Herausforderungen gibt, aber dass ich sie gut bewältigen kann. Manchmal wird aus diesem diffusen Gefühl „Irgendwie ist gerade viel los“ auch ein handfestes Problem der Überforderung. Ich merke: Das, was da auf meiner Liste steht, ist gar nicht zu schaffen! Dann geht es darum, noch einmal zu prüfen, was von alldem ich wirklich erledigen muss. Was kann ich absagen? Was kann ich nach hinten verschieben? Wo kann ich jemanden um Hilfe bitten? Wo gibt es schnelle Alternativen, mit denen ich die Dauer bestimmter Tätigkeiten abkürzen kann?

Vor einiger Zeit erlebte ich beruflich eine enorm heftige Zeit. Irgendwie kamen alle möglichen Aufgaben und Projekte auf einmal zusammen und ich merkte, wie mich allein der Gedanke an den vor mir liegenden riesigen Aufgabenberg überforderte. So sehr ich auch hin und her überlegte, ich hatte keine Idee, was ich weglassen, delegieren oder an der Situation ändern könnte. Mitten in dieser beruflichen Stresszeit zog ich mir am Wochenende beim Skifahren einen Kreuzbandriss zu. Von einem Tag auf den anderen fiel ich für eine Woche aus. Aus einem „Irgendwie-kriege-ich-es-schon-hin-und-wenn-auch-mit-letzter-Kraft" wurde ein „Ich-kann-nicht-und-jemand-anderes-muss-übernehmen".

Wir haben uns eine Detox-Phase vorgenommen, eine Entschlackungskur sozusagen. Deshalb gehe deine Liste in einem zweiten Schritt noch einmal durch und streiche ganz radikal verschiedene Punkte. Stell dir vor, du fällst von einem Tag auf den anderen aus und bist beruflich und privat nicht verfügbar. Was passiert mit vereinbarten Terminen? Wer muss welche Aufgabe übernehmen? Wo musst du Abstriche machen, weil du irgendetwas nicht erledigen kannst? Vielleicht ist dein Keller dann nicht aufgeräumt, der angekündigte Besuch wird verschoben, das Projekt übernimmt ein Kollege mit weniger Erfahrung. Geht die Welt davon unter?

Manchmal werden wir unter Stress wirklich krank. In diesem Fall sagt unser Körper Nein, weil wir es versäumt haben, selbst rechtzeitig Nein zu sagen. Entscheide dich, persönlich die Notbremse zu ziehen.

Und zuletzt: Natürlich werden zu den Punkten auf deiner Liste, die du jetzt schon kennst, noch weitere hinzukommen. Hast du schon einmal überlegt, neben einer To-do-Liste auch eine Not-to-do-Liste zu schreiben? Auf dieser Liste könnte zum Beispiel stehen: „Ich werde für die nächsten 25 Tage nach Möglichkeit keine neuen Aufgaben, Einladungen, Projekte annehmen, weil ich momentan völlig ausgelastet bin."

# Tag 5: Ballast loswerden

Kennst du das Gefühl, sprichwörtlich einen schweren Rucksack voller Ballast mir dir herumzutragen? Ein solcher Ballast können Sorgen sein, um die unsere Gedanken kreisen, Aufgaben, die wir vor uns herschieben, oder auch ungeklärte Konflikte, die uns belasten. Meistens erkennen wir Ballast daran, dass unser Leben sich wirklich anfühlt, als würden wir zu schwer tragen und nicht selten geht dieses Gefühl mit Verspannungen im Schulter- und Nackenbereich einher. Wir erkennen Ballast an Gedankenspiralen, die uns abends vom Schlafen abhalten oder uns mitten in der Nacht aufschrecken lassen, weil unser Unterbewusstsein Alarm schlägt.

Ich bin vor einiger Zeit auf dem Jakobsweg gewandert. Jedes Kleidungsstück, das in meinem Rucksack zu viel war, fühlte sich nach stundenlangem Wandern an wie ein Stein, der immer schwerer wurde. Im Laufe des Weges überlegte ich immer genauer, was ich wirklich tragen wollte, und ließ manches zurück, das ich doch nicht so dringend brauchte wie anfangs gedacht. Um mich herum beobachtete ich unterschiedliche Wanderer mit unterschiedlichen Rucksäcken. Die offenbar eher Unerfahrenen hatten viel zu schwere und große Rucksäcke dabei. Manche liefen dagegen ganz ohne Rucksack. Wie schafften sie das? Diese Leute hatten bei Reiseveranstaltern gebucht, dass ihr Gepäck jeden Tag zum Zielort gefahren wurde, während sie selbst völlig ohne Last ihren Weg gingen. Es gehörte zu meiner Wanderehre, meinen Rucksack selbst zu tragen. Aber das Bild der Wanderer ohne Rucksack erinnerte mich an ein Angebot aus der Bibel. Einige Verse handeln davon, Sorgen und Lasten loszulassen und jemandem anzuvertrauen, der sie viel besser tragen kann: „Alle eure Sorge werft auf ihn; denn er sorgt für euch!“ (1. Petrus 5,7 LUT). Oder: „Sorgt euch um nichts, sondern betet um alles. Sagt Gott, was ihr braucht, und dankt ihm. Ihr werdet Gottes Frieden erfahren, der größer ist, als unser menschlicher Verstand es je begreifen kann“ (Philipper 4,6-7 NLB).

Kaum etwas kann uns so in Stress bringen und zu Überforderung führen wie die Sorgen, die wir uns machen. Nun macht Gott uns ein geniales Angebot. Er schlägt vor, dass wir unsere Sorgen bei ihm abgeben und er sich um uns kümmert. Machst du dir momentan Sorgen um irgendetwas? Gott bietet dir an, all diese Gedanken, auf ihn zu werfen. Ihm diese Sorgen nicht nur zu „bringen", sondern mit aller Kraft und so weit wie möglich zu werfen und sie sich dann auch nicht mehr zurückzuholen, sondern bei Gott zu lassen.

Ich selbst schreibe Sorgen um Fragen, die ich gerade nicht ändern kann, auf und lege das Blatt bewusst vor Gott hin und bitte ihn, sich darum zu kümmern. Wenn sorgenvolle Gedanken aufkommen wollen, dann kann ich sagen: „Stopp! Diese Angelegenheit habe ich Gott anvertraut. Er hat angeboten, sich darum zu kümmern, sodass ich mich nun nicht mehr sorgen muss." Sich keine Sorgen zu machen, ist ein sehr bewusster Vertrauensschritt. Ich entschließe mich, das Versprechen, dass Gott für uns sorgt, wirklich ernst zu nehmen. Ein kleiner Vers, aber ein fundamentaler Hebel, der ein Leben von Grund auf ändern kann.

Es gibt ein Gebet, das häufig auch das „Gelassenheitsgebet" genannt wird:

„Gott, gib mir die Gelassenheit,
Dinge hinzunehmen, die ich nicht ändern kann,
den Mut, Dinge zu ändern, die ich ändern kann,
und die Weisheit,
das eine vom anderen zu unterscheiden."

Die Dinge, die du in deinem Leben nicht ändern kannst, brauchst du nicht nur hinzunehmen, sondern du kannst sie auch abgeben und jemandem anvertrauen, der mehr Kontrolle hat als du. Nun geht es in dem Gebet auch um das, was du ändern kannst. Manchmal schleppe ich Sorgen mit mir herum, die ich ändern könnte. Das kann eine Steuererklärung sein, die ich erledigen sollte, ein Arzttermin, den ich schon längst ausmachen wollte, oder ein unangenehmes Gespräch, das ich angehen müsste. Unerledigtes auf unseren inneren To-do-Listen wird schnell zu einer Last.

Vor einiger Zeit fuhr jemand mein Auto an und beging Fahrerflucht. Danach stand mein Auto wochenlang mit einem platten Reifen am Rand einer vielbefahrenen Straße. Es fiel mir schwer, mich zu entscheiden, was ich mit dem kaputten Auto tun sollte. Reparieren lassen, für ein neues Auto in Zahlung geben, privat verkaufen? Alles hatte Vor- und Nachteile und so schob ich die Entscheidung auf der Suche nach der optimalen Lösung immer wieder vor mir her. Dabei fiel mir gar nicht auf, wie sehr dieses ungelöste Problem mich belastete und mich die Suche nach der besten Lösung Zeit und Nerven kostete. Am Ende wurde mir klar, dass die allerschlechteste Lösung die war, das Problem weiter zu verschieben. Ich verkaufte das Auto über eine Privatanzeige an den ersten Bieter. Ich bekam sicher nicht den besten Preis, aber in dem Moment, als der Käufer das Auto abtransportierte, fiel eine sprichwörtliche Last von mir ab und ich merkte, dass mein Körper sich entspannte und sogar Kopfschmerzen aufhörten. Der leichte finanzielle Verlust fiel im Vergleich mit der Last, die von mir genommen war, überhaupt nicht ins Gewicht.

---

---

Welchen Ballast schleppst du mit dir herum? Schreibe alles auf, was sich wie eine Last anfühlt.

Kannst du es ändern? Dann setze dir jetzt einen Termin, wie und wann du das Thema angehen möchtest.

Kannst du es nicht ändern? Wie wäre es, wenn du diese Themen Gott im Gebet anvertraust und ihm dankst, dass er sich darum kümmert? Du kannst diese Fragen auch auf kleine Zettel schreiben und in eine Kiste packen – als Symbol, dass du sie Gott anvertraut hast und dich jetzt erst einmal nicht weiter damit belastest. Bei Bedarf kannst du sie später wieder herausholen und ansehen. Aber solange du sie nicht ändern kannst, musst du sie nicht selbst tragen.

---

---

# *Tag 6: Tanz dem Stress davon*

Wenn wir in Situationen kommen, die für uns stressig sind, reagiert unser Körper auf eine fantastische Art und Weise: Er schüttet binnen Sekunden die Hormone Adrenalin, Noradrenalin und Cortisol aus, die Kraft in unseren ganzen Körper pumpen, damit wir diese Stresssituation bewältigen können. Vor vielen Jahrhunderten waren typische Stresssituationen, einem Feind oder einem gefährlichen Tier zu begegnen. Dann spannte sich der Körper an und pumpte Hormone in den Kreislauf, um entweder so schnell wie möglich fliehen oder möglichst gut kämpfen zu können. Beim Laufen oder Kämpfen wurden diese Hormone wieder abgebaut.

Auch in den Stresssituationen heute macht sich unser Körper bereit zu fliehen oder zu kämpfen. Das ist meist aber weder nötig noch möglich. Viele von uns sitzen am Schreibtisch und versuchen, einen E-Mail-Ansturm zu meistern oder eine Präsentation fertigzustellen. Andere müssen in ihrem Beruf anstrengende Gesprächssituationen, Konflikte oder emotionale Belastungen durchstehen und den Bedürfnissen

unterschiedlichster Menschen gerecht werden und das alles möglichst gleichzeitig – etwa als Krankenschwester, Verkäufer, Erzieher oder Lehrerin. Einen erwiesenermaßen besonders hohen Stresspegel erleben übrigens alleinerziehende Mütter und Väter bei dem Versuch, Beruf und Kind gerecht zu werden. All diese Personen können nicht einfach wegrennen oder sich einem körperlichen Kampf stellen. Und so rauscht der stressbedingte Hormoncocktail in unseren Körper und führt zu Erschöpfung, Verspannung, Kopfschmerz. Um den Stress abzubauen, versuchen wir, abends auf der Couch zu entspannen, und wundern uns, warum die Müdigkeit nicht weicht. Dabei ist vielen nicht bewusst, dass sie den durch Stresssituationen aufgebauten Hormoncocktail am besten durch Bewegung und Aktivität wieder herunterfahren können. Die Stressforschung hat herausgefunden, dass der beste Weg, um Stress abzubauen, Ausdauersport ist wie zum Beispiel Joggen, Schwimmen oder Radfahren. Aber auch einfache Arten der Bewegung wie Spazierengehen sind schon hilfreich.

Wenn du in den nächsten Wochen das Gefühl der Überforderung abbauen willst, kommst du nicht umhin, Bewegung in deinen Tagesablauf einzubauen. Wenn Sport nicht schon ein Teil deines Lebens ist, dann überlege dir, auf welche Art und Weise du während des Detox-Experiments Stress durch Bewegung herunterfahren kannst. Vielleicht gibt es Wege, die du ohnehin zurücklegen musst wie etwa deinen Arbeitsweg. Kannst du ihn ganz oder auch teilweise zu Fuß oder mit dem Fahrrad hinter dich bringen? Manchmal hilft es schon, eine S-Bahnstation früher auszusteigen und den Rest des Weges zu laufen oder einen weiter entfernten Parkplatz zu wählen. Schon mehrere 20- bis 30-minütige Spaziergänge pro Woche haben laut zahlreicher wissenschaftlicher Studien eine deutliche Auswirkung auf deine psychische und körperliche Gesundheit.

Es muss aber nicht das Laufen sein. Am Ende geht es darum, dass du Formen der Bewegung findest, die umsetzbar sind und dir selbst wirklich Spaß machen. Dem einen liegt der einsame Lauf durch die Natur, dem anderen eher Mannschaftssport, der nächste ist gerne im Fitnessstudio, stemmt Hanteln oder drischt auf einen Boxsack ein und andere genießen die schwungvolle Musik beim Zumba oder machen lieber gleich einen Tanzkurs.

Wie müssen die Rahmenbedingungen für dich aussehen, damit es möglichst attraktiv ist, Bewegung in deinen Alltag einzubauen? Morgens, mittags, abends, allein oder in Gemeinschaft? Was genau möchtest du tun und wann kannst du es einplanen?

________________________________________

________________________________________

________________________________________

Suche dir ein realistisches Ziel: Wenn du zum Beispiel noch nie joggen warst, sind zweimal pro Woche 30 Minuten schnelles Spazierengehen realistischer als: „Ab heute gehe ich täglich eine volle Stunde joggen!"

Trage in deinen Terminkalender für die nächste Woche konkrete Möglichkeiten ein, wie du mithilfe von Bewegung Stress abbauen möchtest.

# Tag 7: Gönne dir einen Ruhetag

Wusstest du, dass eines der berühmten Zehn Gebote in der Bibel heißt: „Sechs Tage sollst du arbeiten, am siebten Tag sollst du ruhen"? Hier ist der Vers im Zusammenhang: „Denke an den Sabbat als einen Tag, der mir allein geweiht ist! Sechs Tage sollst du deine Arbeit verrichten, aber der siebte Tag ist ein Ruhetag, der mir, dem Herrn, deinem Gott, gehört. An diesem Tag sollst du nicht arbeiten, weder du noch deine Kinder, weder dein Knecht noch deine Magd, auch nicht deine Tiere oder der Fremde, der bei dir lebt" (2. Mose 20,8-10 HfA). Irgendetwas muss an dieser Übung sehr wichtig sein, sonst hätte sie wohl keinen Platz in den zehn wichtigsten Lebensregeln gefunden. Gönne dir jeden siebten Tag einen Erholungstag!

Den Sabbat hat Gott als Erholung für die Menschen geplant, aber er hat ihn auch als Vertrauensschritt für Menschen angelegt: Wenn wir richtig gestresst sind und uns der Berg an Arbeit, der vor uns liegt, endlos erscheint, haben wir oft das Gefühl, wir müssten durchackern. Entscheiden wir uns dann, uns selbst an einem Tag in der Woche das Arbeiten regelrecht zu verbieten, ist das ein Akt des Vertrauens. Am Sabbat darf ich einen Tag lang so tun, als ob alles schon erledigt wäre. Ich erkläre mir damit: Obwohl ich viel zu viel Arbeit habe, gönne ich mir einen Tag voller Ruhe und Entspannung und vertraue, dass ich trotzdem alles schaffen werde.

Manches in der Bibel kann man durchaus auch pragmatisch wie eine Gebrauchsanweisung lesen. Stell dir vor, ein großer Erfinder denkt sich eine geniale Maschine aus. Er liefert sie aus und in der Gebrauchsanweisung steht, dass das Gerät nach sechs Tagen Einsatz einen Tag zum Abkühlen braucht. Ansonsten würde es durchbrennen. Wenn dieses Gerät für dich wichtig und wertvoll und möglicherweise sogar unersetzbar ist, würdest du dich an die Gebrauchsanweisung halten?

Hast du dich einmal für einen solchen Ruhetag entschieden, dann halte dich mit aller Ernsthaftigkeit daran. Wenn klar ist, dass du auf keinen Fall arbeiten wirst, entsteht auch kein schlechtes Gewissen. Das Gefühl, dass du eigentlich arbeiten solltest, kommt dann nicht auf. Viele entscheiden sich, diesen freien Tag auf den Samstag oder Sonntag zu legen. Andere suchen sich aber auch einen anderen Wochentag aus – je nach Beruf oder Familiensituation.

Bereite deinen freien Tag gut vor: Was musst du am Vortag erledigt haben, damit du den freien Tag guten Gewissens genießen kannst? Was musst du planen, zum Beispiel an Einkäufen und Besorgungen?

Überlege, wie du den Tag gestalten kannst. Manche erholen sich am besten, wenn sie gar nichts planen und den Tag einfach auf sich zukommen lassen. Anderen tut es gut, ganz bewusst Dinge einzuplanen, die für sie erholsam sind wie zum Beispiel einen Ausflug in die Natur, einen Tag in einer Wellnessoase, ein Treffen mit Freunden. Als Familie oder Partner ist es natürlich sinnvoll, gemeinsam zu überlegen und herauszufinden, wie gute Tage für euch aussehen, bei denen ihr alle Kraft tanken könnt.

# Tag 8:
# Dein Wochenplan

Du hast jetzt verschiedene Ansatzpunkte kennengelernt, woher das Gefühl der Überforderung stammen könnte. Vielleicht hast du auch schon ein paar erste Schritte ausprobiert. Jetzt geht es darum, dir ein paar Punkte auszusuchen, die du die nächsten 23 Tage während deines Stress-Detox-Experiments umsetzen möchtest.

Wenn ich in meinem Leben langfristig neue Verhaltensweisen einführen will, funktioniert das am effektivsten, wenn ich sie über einen längeren Zeitraum in Form von Ritualen und festen Gewohnheiten einübe, bis sie zu einem Bestandteil meines Lebens werden. Am besten etablieren wir eine neue Gewohnheit, wenn wir sie regelmäßig etwa am immer selben Wochentag und zur selben Uhrzeit pflegen. Am Anfang erfordert dieses Einüben eine ganze Menge Überwindung und Disziplin, bis das neue Verhalten mehr und mehr zur Selbstverständlichkeit wird.

Vielleicht hast du dir für dein Detox-Experiment und für deinen Wochenplan etwas vorgenommen und bist direkt auf die Schnauze gefallen. Sei geduldig mit dir selbst. Viele Verhaltenstrainer gehen davon aus, dass es wenigstens 21 Tage braucht, um eine neue Gewohnheit im Leben zu verankern. Nur Mut! Du hast ja noch mehr als 21 Tage vor dir.

Wenn du dir beispielsweise vorgenommen hast, Bewegung zu einem festen Bestandteil deines Lebens zu machen, könnte es hilfreich sein, dir einen festen Zeitpunkt in der Woche auszusuchen und ihn für sportliche Aktivitäten zu reservieren – oder dich bei einem Kurs anzumelden, der immer zu einer bestimmten Zeit stattfindet.

Damit ein Ziel umsetzbar wird, sollte es für dich auch anziehend sein. Erfahrungsgemäß erzielen wir eine dauerhafte Änderung in unserem Verhalten meist nur dann, wenn wir irgendwie Spaß an der Sache haben. Ein guter Trick ist der, neue Verhaltensweisen, die ich mir in meinem Leben wünsche, mit etwas zu verknüpfen, das mich automatisch motiviert und begeistert. Überlege kurz, wofür du in deinem Leben automatisch eine große Begeisterung und natürliche Motivation mitbringst. Wenn es Musik ist, könntest du deine Sportvorsätze mit deiner Lieblingsmusik verknüpfen. Wenn du gerne Zeit mit guten Freunden verbringst, verabrede dich zum Laufen oder Spazierengehen. Vielleicht hast du dir vorgenommen, dir einen Erholungstag zu gönnen. Wenn du die Ruhe in der Natur liebst, wähle eine Auszeit draußen an einem besonders schönen Ort. Erholst du dich am besten bei

Action und Abenteuer, dann liegt dir ein Klettersteig oder ein Ausflug zum Vergnügungspark mit guten Freunden vielleicht eher. Falls du gerne kreativ bist, könntest du diese Ruhezeit damit verbringen, deine Gedanken und Gefühle durch Bilder auszudrücken. Liebst du komplexe Gedankengänge, nimm ein spannendes Sachbuch an deinen Ruheort oder höre dir beim Sport einen Vortrag an. Bist du ein passionierter Kaffeeliebhaber, verknüpfe deine Ruhezeit mit einem liebevoll zubereiteten Milchkaffee, den du ganz bewusst genießt.

Es ist spannend, Dinge, für die wir uns ganz automatisch begeistern, mit neuen Verhaltensweisen zu kombinieren, die wir uns in unserem Leben wünschen. So entstehen individuelle Ideen, die ganz genau zu uns passen.

Gibt es etwas, das du täglich tun möchtest? Wann genau? Wie lange? Was kann dir dabei helfen, es wirklich umzusetzen? Was könnte bei der Umsetzung hinderlich sein und wie gehst du damit um?

Gibt es Punkte, die du ein oder zwei Mal pro Woche tun möchtest? Wann genau? Plane sie als festen Termin ein. Wer oder was wird dir helfen, es wirklich zu tun? Was könnte bei der Umsetzung hinderlich sein und wie gehst du damit um?

Gibt es Punkte, denen du weniger Zeit und Raum in deinem Leben zugestehen willst (zum Beispiel Zeitfresser, die wie Unkraut manches Gute überwuchern)? Welche kannst du in den nächsten Wochen versuchsweise ganz oder teilweise streichen? Und vielleicht hast du auch schon Ideen, wie du die neu entstandenen Freiräume genießen kannst?

# Tag 9: Stressabbau für zwischendurch

Seit Beginn unseres Experiments hast du jeden Tag neue Aufgaben und Ideen bekommen, die du einplanen und umsetzen kannst. All diese Vorschläge sollen und können langfristig helfen, den Stress in deinem Leben abzubauen, aber vielleicht fühlst du dich gerade gestresster als zuvor. Deswegen möchte ich dir heute ein paar ganz einfache Übungen vorstellen, mit denen du deinen Stresslevel in wenigen Minuten reduzieren kannst.

*Übung Nummer 1: Wahrnehmen mit allen Sinnen*

Diese Achtsamkeitsübung kannst du überall einsetzen und sie dauert nicht länger als zwei bis fünf Minuten. Halte kurz inne und richte deine Aufmerksamkeit auf deine Umgebung. Zähle innerlich fünf unterschiedliche Dinge auf, die du gerade siehst. Nun lausche in deine Umgebung hinein und zähle fünf Geräusche auf, die du gerade hörst. Danach achte darauf, was du gerade riechst oder schmeckst und zähle fünf Dinge davon auf. Zuletzt nimm wahr, was du auf deiner Haut fühlst – etwa Wärme, Kälte, Wind oder wo deine Haut die Kleidung, den Boden oder einen Stuhl berührt.

Hast du es ausprobiert? Ich nutze diese Übung häufig in den unterschiedlichsten Situationen: zum Beispiel beim Warten auf den Bus oder im Bus, im Garten, auf meinem Balkon, im Büro, im Urlaub am Strand oder morgens am offenen Fenster. Nach einem kurzen Durchgang fühle ich mich direkt sehr viel ruhiger und präsenter. Du kannst alle Sinne auch mehrmals hintereinander durchgehen und erst fünf, dann vier und dann drei Dinge aufzählen, die du wahrnimmst, bis dir keine weiteren mehr auffallen.

### *Übung Nummer 2: Atmen*

Wusstest du, dass man durch Atmen Stress abbauen kann? Je gestresster und angespannter wir sind, desto flacher wird unsere Atmung. Umso wichtiger ist es, gerade dann durch tiefes Ein- und Ausatmen unseren Körper mit Sauerstoff zu versorgen. Dabei geht es um die sogenannte Bauchatmung. Probiere es doch mal aus: Setze oder lege dich entspannt hin. Atme bewusst ein paar Mal tief ein und aus und nimm dabei wahr, wie dein Körper atmet, zum Beispiel wie die Lungenflügel und dein Bauch sich mit Luft füllen und wie die Luft wieder entweicht (fast wie aus einem dieser aufblasbaren Gummitiere). Lege dazu gerne die Hände auf den Bauch, damit du spürst, wie deine Bauchdecke sich hebt und senkt. Am besten ist es, wenn du durch die Nase ein- und durch den Mund wieder ausatmest und nach jedem Atemzug eine kurze Pause machst. Nun stelle dir bei jedem Ausatmen vor, dass du ein Problem oder die Anspannung in deinem Körper ausatmest und bei jedem Einatmen, dass du neue Kraft und Lebensenergie einatmest, die nach und nach deinen ganzen Körper füllt. Das könnte so aussehen: Ich atme das Gefühl, dass mir alles über den Kopf wächst, aus – phhh. Und ich atme neue Kraft und neuen Mut, meine Aufgaben anzupacken, ein – ahhh.

### *Übung Nummer 3: Ruhegebet*

Eine alte Gebetstradition ist, einen Satz immer wieder zu beten und dieses Gebet mit ruhigem Atmen zu verbinden. Wenn ich merke, dass mein Herz unruhig und voller Sorgen ist, tut es mir gut, mich darauf auszurichten, dass es einen liebenden Vater im Himmel gibt, der versprochen hat, sich zu kümmern. Hier sind ein paar Gebetssätze, die sich gut für diese Gebetsform eignen:

„Danke, Jesus, du bist hier."

„Der Herr ist mein Hirte, mir wird nichts mangeln."

„Du stellst meine Füße auf weiten Raum."

„Vater, ich vertraue dir".

Setze dich bequem hin, atme bewusst ein und aus. Wenn du möchtest, lege dabei eine Hand auf dein Herz. Nun sprich den Anfang deines Gebets aus, wie etwa: „Der Herr ist mein Hirte …“ und atme tief ein. Dann bete den zweiten Teil: „… mir wird nichts mangeln“ und atme ruhig aus. Das kannst du ein paar Minuten wiederholen, bis du merkst, dass du dich innerlich ausgerichtet hast und deine Seele ruhiger wird.

Solche Übungen bieten sich an, wann immer du merkst, dass du innerlich angespannt und gestresst bist. Du kannst sie aber auch gut zum Start in die Zeiten der Ruhe nutzen, die du für die nächsten Wochen eingeplant hast.

# Tag 10:
# Antreiber unter der Lupe

Sich Herausforderungen zu stellen und sich Ziele zu setzen, ist gesund und gehört zum Leben dazu. Wenn wir dabei immer wieder über die eigenen Grenzen gehen und uns in ein andauerndes Gefühl der Überforderung manövrieren, hat das häufig damit zu tun, dass wir starke innere Antreiber in uns haben, durch die wir uns mehr aufbürden, als wir selbst schaffen können.

Solche inneren Antreiber sind auf den ersten Blick positive Werte, die von Disziplin, Einsatzbereitschaft und Hilfsbereitschaft zeugen. Eric Berne, ein amerikanischer Psychologe, beschreibt fünf innere Glaubenssätze, die jedoch zu einem Sklaventreiber in unserem Leben werden können.

### *1. Sei perfekt!*

Ein Perfektionist hat sich das Ziel gesetzt, möglichst keinen Fehler zu machen und bei jeder Aufgabe nicht nur 80 oder 100 Prozent zu geben, sondern möglichst

150 Prozent. Das kostet Zeit. Und die Angst, einen Fehler zu machen, sitzt ihm im Nacken.

Gegenmittel: Erlaube dir ganz bewusst, Fehler zu machen. Gönne dir vielleicht sogar absichtlich etwas Imperfektion. Lass das Bett mal ungemacht oder das Geschirr einfach stehen. Verschicke eine E-Mail mit Fehlern. Du darfst Fehler machen.

### *2. Streng dich an!*

Wer gelernt hat, sich immer und jederzeit anzustrengen, für den fühlen sich Zeiten der Muße und Entspannung „unerlaubt" an. Wenn es leicht war, ist es nichts wert. Der Berg kann nicht hoch genug sein, das Menü nicht ausgefallen genug, man kann nicht lang genug auf der Arbeit bleiben. Höher, weiter, schneller, anstrengender – das ist die Devise.

Gegenmittel: Um dem Streng-dich-an-Sklaventreiber etwas entgegenzusetzen, braucht es die Erlaubnis, dass das Leben auch mal leicht sein darf. Mache doch mal um 16 Uhr Feierabend. Genieße einen Spaziergang und lasse den Dauerlauf ausfallen. Mache die Ravioli aus der Dose auf und stelle der Familie als gesunde Beilage dazu Äpfel und Karotten auf den Tisch.

### *3. Beeil dich!*

Den Beeil-dich-Typen sitzt die Uhr im Nacken. Alles muss schnell gehen. Sie setzen sich selbst und ihre Umwelt permanent unter Strom, da sie die tiefe Überzeugung haben, dass sie nur dann gut genug sind, wenn sie alles so schnell wie möglich erledigen. Worte wie „Beeil dich“ oder „Zack, zack“ kommen in ihren Gedanken und Wortschatz häufig vor und in Gedanken trommeln sie ungeduldig auf dem Tisch, wenn andere mal wieder zu langsam sind.

Gegenmittel: Der Beeil-dich-Typ darf sich selbst erlauben, sich Zeit zu lassen. Stelle dich mal absichtlich an der langen Schlange an der Supermarktkasse an. Fahr auf der Autobahn 100 Stundenkilometer. Kaue jeden Bissen besonders langsam und genüsslich. Verdopple die eingeplante Zeit für eine deiner Aufgaben.

### *4. Sei stark!*

Der Antreiber, immer stark sein zu müssen und keine Schwäche zu zeigen, ist besonders bei Männern ein ganz typisches Verhaltensmuster. Viele wurden erzogen mit dem Satz, dass Indianer keinen Schmerz kennen, und bei der Wahl zwischen Mann oder Memme gab es natürlich nur eine Option. Der Glaube, immer stark sein zu müssen, kann zu einer unendlichen Belastung führen, die man dann wieder nicht nach außen zeigen darf.

Gegenmittel: Auch wenn du müde bist, erschöpft, traurig oder Hilfe und Unterstützung brauchst, bist du okay. Schwäche zu zeigen, ist sympathisch und menschlich. Erst wenn du zeigen darfst, wer du bist, wird echte Begegnung mit Mitmenschen möglich.

### *5. Mach's den anderen recht*

Menschen, die es anderen recht machen wollen, sind häufig sehr beliebt und nehmen an allen Events teil, aber kommen dabei häufig selbst zu kurz. Es fällt ihnen schwer, Nein zu sagen, denn sie ertragen es nicht gut, die Gefühle und Erwartungen anderer zu enttäuschen. Dafür verzichten sie häufig auf die eigenen Bedürfnisse.

Gegenmittel: Erlaube dir selbst, Nein zu sagen. Wenn dich jemand um einen Gefallen bittet, dann nimmt dir Zeit, darüber nachzudenken. Sage nicht sofort zu – auch nicht bei schönen Einladungen oder spannenden Projekten und Aufgaben. Überlege dir im Vorfeld, was dir selbst wichtig ist und wo du Zeit für dich und deine Bedürfnisse einplanen möchtest. Erlaube dir ganz bewusst, andere zu enttäuschen, um gut für dich selbst zu sorgen.

Hast du dich in dem einen oder anderen Typen wiedererkannt? In welche Falle tappst du besonders gerne?

In der Bibel im Buch des Propheten Jesaja steht ein Vers, der mit dem Versprechen einhergeht, dass Gott das drückende Joch von den Schultern der Menschen nehmen und „den Stecken des Treibers" zerbrechen wird, und zwar durch seinen Sohn, der uns als wunderbarer Ratgeber, starker Gott, ewiger Vater, Fürst des Friedens vorgestellt wird (vgl. Jesaja 9,3-5). Gott möchte uns aus der Sklaverei der Antreiber befreien. Er steht uns zur Seite als Ratgeber, der voller Stärke und liebevoll wie ein Vater ist und uns inneren Frieden und Ruhe anbietet. Du kannst in seinem Namen die Sätze, die dich antreiben, durchbrechen und aus deinem Leben werfen. Und du kannst ihn um Unterstützung bitten, wenn du neue Verhaltensweisen einübst und Gegenmittel für tief sitzende Überzeugungen einsetzt.

Hast du einen oder mehrere Antreiber gefunden, von denen du dich in die Überforderung treiben lässt? Schreibe dir auf, welche der oben genannten Gegenmittel du einsetzen willst, um die Antreiber in deinem Leben zu entmachten. Falls du einen guten Satz gefunden hast, mit dem du deinen Antreiber ausschalten kannst, schreibe ihn dir auf eine Karte und hänge sie auf. Solche Sätze könnten zum Beispiel lauten:

„Nicht perfekt ist gut genug."
„Fehler machen erlaubt!"
„Trau dich, Nein zu sagen."
„Mut zur Schwäche."

Welchen Antreiber hast du identifiziert?

______________________________________________

Mit welchem Gegenmittel willst du ihn außer Kraft setzen?

______________________________________________

______________________________________________

______________________________________________

______________________________________________

______________________________________________

# *Tag 11: Nicht perfekt ist gut genug*

Gestern haben wir uns den Antreiber „Sei perfekt“ angesehen. Damit wir verstehen, wie viel Zeit uns Perfektionismus kosten und wie sehr uns dieser Anspruch unter Druck setzen kann, ist es gut, sich das Pareto-Prinzip, das auch die „20-80-Regel“ genannt wird, anzusehen. Das Pareto-Prinzip besagt, dass wir 20 Prozent unserer Zeit brauchen, um 80 Prozent des Ergebnisses zu erzielen. Wollen wir aber ein 100-prozentiges Ergebnis erreichen, müssen wir für die fehlenden 20 Prozent noch einmal 80 Prozent unserer Zeit einsetzen.

Das bedeutet, wenn ich eine Wohnung einigermaßen gründlich (also mit einem 80-prozentigen Ergebnis) putzen möchte, brauche ich zwei Stunden. Möchte ich die Wohnung perfekt putzen, benötige ich noch einmal acht weitere Stunden. Dasselbe gilt für eine Präsentation auf der Arbeit: Soll sie zu 80 Prozent zufriedenstellend sein, brauche ich eventuell eine Stunde; für eine perfekte, bis in jedes Detail ausgearbeitete Präsentation muss ich noch einmal vier weitere Stunden investieren.

Natürlich gibt es Aufgaben, die es die Mühe wert sind, die 100 Prozent zu erreichen, aber bei vielen Dingen sind 80 Prozent völlig ausreichend. Manchmal entscheide ich mich bewusst, ein perfektes mehrgängiges Menü zu kochen, meine Wohnung vom Keller bis zur hintersten Schublade aufzuräumen oder eine Präsentation bis ins letzte Detail auszuarbeiten. Für unser Detox-Projekt möchte ich dich aber bitten, dich einmal für „gut" zu entscheiden statt für perfekt.

Wo kannst du dich heute entscheiden, etwas einfach nur gut zu machen, ohne dabei Perfektion anzustreben?

# Tag 12: Dankbare Menschen sind glücklicher

In Zeiten, in denen uns alles über den Kopf wächst, fühlt sich jeder Tag eher wie eine weitere Last an. Dabei vergessen wir manchmal, dass jeder neue Tag ein wunderbares Geschenk an uns ist. In den Psalmen gibt es einen Vers, der mich immer wieder daran erinnert, mich über jeden neuen Tag zu freuen: „Dies ist der Tag, den der Herr gemacht hat. Lasst uns jubeln und fröhlich sein" (Psalm 118,24 NLB).

Manchmal tut uns ein ganz bewusster Perspektivenwechsel gut. Der Schriftsteller John Eldredge schrieb: „Das Leben ist kein Problem, das gelöst werden müsste, sondern ein Abenteuer, das gelebt werden will." Wie siehst du dein Leben? Als ein Problem? Eine Last? Oder ein Abenteuer und Geschenk? Eines der wichtigsten Merkmale glücklicher Menschen ist Dankbarkeit. In den Psalmen gibt es einen Vers, der dieses Geheimnis enthüllt: „Wer mir dankt, der bringt damit ein Opfer, das mich wirklich ehrt. Er macht den Weg frei, auf dem ich ihm Rettung bringe (Psalm 20,23 Hfa). Im Danken finden wir seelische Gesundheit und inneres

Glück. Wie sehr Dankbarkeit glücklich macht, konnten die Glücksforscher Michael McCullough und Robert Emmons auch in einem Experiment nachweisen (?): Versuchspersonen, die täglich Ereignisse aufschrieben, für die sie dankbar waren, erreichten höhere Glücks- und Zufriedenheitswerte als Menschen, die ihren Fokus nur auf allgemeine Alltagsereignisse lenkten.

Eine besondere Form der Dankbarkeit ist der Dank für etwas, das ich noch gar nicht sehen kann. Wenn mir jemand verspricht, mir zu helfen, bedanke ich mich schon jetzt und verlasse mich darauf, dass er sein Versprechen halten wird. In dem Vers, den ich in der ersten Woche schon beleuchtet habe, wird ein solches Prinzip vorgestellt: „Sorgt euch um nichts, sondern betet um alles. Sagt Gott, was ihr braucht, und dankt ihm. Ihr werdet Gottes Frieden erfahren, der größer ist, als unser menschlicher Verstand es je begreifen kann“ (Philipper 4,6-7 NLB). Gott dafür zu danken, dass er sich um meine Anliegen und Sorgen kümmern wird, ist eine Form von Vertrauen. Ich erlebe immer wieder, dass eine tiefe innere Ruhe in mein Herz einzieht, wenn ich Gott glaube, dass er seine Versprechen hält, und ich ihm schon einmal danke, dass er sich um diese Themen kümmern wird.

Notiere wenigstens zehn Dinge, für die du im Moment dankbar bist und über die du dich freust.

---

---

---

---

---

---

---

Wenn du möchtest, kannst du Gott in einem zweiten Schritt auch schon dafür danken, dass er dir in Schwierigkeiten, vor denen zu stehst, helfen und dir beistehen wird – selbst wenn du gerade noch gar nicht weißt, wie diese Hilfe aussehen könnte. Kurz aus allen Nöten und Sorgen auszusteigen und sich Zeit für Dankbarkeit zu nehmen, ist übrigens auch ein guter und sehr erfrischender Rastplatz, nach dem es sich viel angenehmer weiterleben lässt.

# *Tag 13: Schlaf gut!*

Das genialste Instrument unseres Körpers, um mit Anforderungen zurechtzukommen, ist der Schlaf. Faszinierend, wie wir im Schlaf unseren Körper regenerieren. Alle Zellen erholen sich und auch das Gehirn verarbeitet – zum Beispiel in unseren Träumen – die Eindrücke des Tages und legt Erinnerungen in unserem Gedächtnis ab. Studien zeigen allerdings, dass die Menschen in westlichen Ländern immer weniger schlafen. Vor zwanzig bis dreißig Jahren schliefen die Menschen durchschnittlich eine Stunde mehr. Wie kommt das? Eine Erklärung ist die, dass Fernseher, Computer und Mobiltelefone uns im wahrs-

ten Sinne des Wortes den Schlaf rauben. Bleibst du auch manchmal abends vor einer Serie oder im Internet hängen? Gehörst du auch zu den Leuten, die am Abend noch überzeugt sind, dass sechs Stunden Schlaf doch reichen müssten, nur um am nächsten Morgen völlig übermüdet festzustellen, dass das ein Irrtum war? Das Schlafbedürfnis eines jeden Menschen ist unterschiedlich. Versuche aber haben ergeben, dass die meisten sich bei etwa 8,15 Stunden einpendeln, wenn sie völlig ohne Wecker schlafen. Spannend ist auch, dass es alle anderthalb Stunden eine Art Einschlaffenster gibt, also eine Zeit, in der unser Biorhythmus runterfährt – einen „toten Punkt", an dem wir problemlos einschlafen könnten. Wenn wir diesen Punkt verpassen, werden wir meist noch einmal munterer und es braucht eine gewisse Zeit, bis wir das nächste Schlaffenster erwischen können.

Gönne dir in den nächsten Wochen ausreichend Schlaf. Wann willst du aufstehen? Wann müsstest du einschlafen, um acht Stunden Schlaf zu bekommen? Wie lange brauchst du vor dem Einschlafen, um zur Ruhe zu kommen? Hast du irgendwelche Einschlafrituale?

Was bedeutet das für deinen heutigen Abend? Und für dein Detox-Experiment in den nächsten Tagen?

# Tag 14: Resilienz – wie hoch ist deine Widerstandskraft?

Was wir als Überforderung erleben, hat viel mit unserer Persönlichkeit zu tun, besonders mit einem ihrer Aspekte, der in der Psychologie Resilienz genannt wird. Damit ist unsere Fähigkeit gemeint, schwierige Zeiten durch persönliche Widerstandskraft auszuhalten und positiv zu verarbeiten. Jeder Mensch hat von seiner genetischen Veranlagung her eine unterschiedliche Belastbarkeit, aber zum Teil hat sie auch mit erlernten inneren Überzeugungen zu tun. Viele dieser Überzeugungen stammen aus unserer Kindheit, aber glücklicherweise lernen wir niemals aus: Resilienz kann man trainieren. Auch heute noch können wir uns neue Überzeugungen aneignen und damit unsere Widerstandskraft steigern.

In der Resilienzforschung werden immer wieder sechs Eigenschaften und Überzeugungen beschrieben, die in ihrem Zusammenspiel die Widerstandskraft eines Menschen beeinflussen. Im folgenden Test kannst du bei dir selbst prüfen, welche dieser Faktoren bei dir mehr oder weniger ausgeprägt sind. Markiere im Resilienzrad wie sehr du mit folgenden Aussagen übereinstimmst. 1 bedeutet: „Stimme nicht zu“ und 5 bedeutet: „Stimme voll zu“.

**1. Akzeptanz:**
Ich akzeptiere, dass es im Leben schwierige Momente gibt, die mich wütend oder traurig machen, und ich bin bereit, auch unangenehme Gefühle wie Trauer oder Wut auszuhalten, ohne sie zu betäuben.

**2. Selbstverantwortung/-wirksamkeit:**
Ich übernehme Verantwortung für mein Leben und mein Handeln und sehe mich nicht als Opfer der Umstände. Ich glaube, dass ich Einfluss auf mich selbst und meine Umstände habe und diese durch mein eigenes Verhalten zum Besseren ändern kann.

**3. Optimismus/Vertrauen:**
Auch wenn es schwierige Zeiten im Leben gibt, glaube ich, dass diese für mich wertvoll sein können, ich von ihnen lernen und an ihnen wachsen kann und aus schweren Situationen gute Dinge entstehen können.

**4. Lösungsorientierung:**
Ich gebe nicht auf und suche immer wieder nach guten Strategien, um Lösungen für Probleme und Herausforderungen in meinem Leben zu finden.

**5. Netzwerkorientierung:**
Ich pflege gute und ehrliche Beziehungen zu Freunden und Familienmitgliedern und scheue mich nicht, diese um Unterstützung zu bitten. Wenn ich den Eindruck habe, dass ich Unterstützung von einem Profi brauche, bin ich bereit, diese Hilfe aktiv zu suchen und anzunehmen.

**6. Aufgaben/Sinnhaftigkeit:**
Ich erlebe mein Leben und meine Aufgaben als sinnvoll. Ich kann mein Leben, meine Aufgaben und meine Freizeit aktiv gestalten.
Nun betrachte die Skizze für einen Moment. Wie gut läuft dein Resilienzrad? Bei welchen Speichen läuft dein Resilienzrad rund? Wo holpert es? An welchen Speichen möchtest du arbeiten, damit dein Rad stabiler wird? Welche Bereiche willst du stärken?

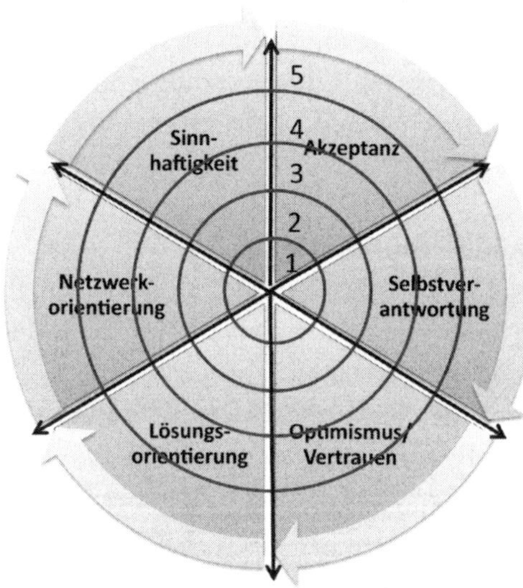
5
4
3
2
1
Sinn-
haftigkeit
Akzeptanz
Selbstver-
antwortung
Optimismus/
Vertrauen
Lösungs-
orientierung
Netzwerk-
orientierung

# Tag 15: Heilkraft der Schöpfung

Kaum etwas hilft so gut gegen Erschöpfung und Überforderung wie die Schönheit der Natur. Warum, glaubst du, bringen wir Blumen mit, wenn wir jemanden im Krankenhaus besuchen? Schon die Schönheit einer einzigen Blume kann uns trösten, er-

mutigen und daran erinnern, worauf es im Leben ankommt. Wenn du der Überforderung den Kampf angesagt hast, brauchst du gute Gegenmittel. Eines davon ist, die Schönheit der Natur und der Schöpfung wahrzunehmen. Obwohl ich das seit Jahren weiß, scheine ich es immer wieder zu vergessen. Ich wohne in der Stadt und manchmal schaffe ich es wochenlang nicht, mal wieder hinaus aufs Land, in die Berge oder wenigstens zum nächstgelegenen Fluss oder See zu fahren. Wann immer ich es aber tue, merke ich, wie alle Stressgefühle von mir abfallen und sich Freude, Entspannung und Kraft in mir breitmachen. Wissenschaftliche Studien haben ergeben, dass besonders die Farbe Grün in der Natur aktiv hilft, uns zu beruhigen. Wenn wir uns in der Natur aufhalten und unsere Augen die Farbe Grün aufnehmen, sorgt das für körperliche und geistige Entspannung, steigert die Konzentration und hebt unsere Stimmung. Ich liebe es außerdem, in die Natur zu gehen und Tiere zu beobachten: Pferde, die voller Freude über die Koppel tollen, Mücken, die in der Abendsonne tanzen, oder Katzen, die sich einen Sonnenstrahl suchen und sich dann so lange zurechtlegen, bis sie die perfekte Schlafposition gefunden haben.

In seinen Predigten fordert Jesus uns immer wieder auf, die Natur anzusehen und von ihr zu lernen: „Seht euch die Vögel an! Sie säen nichts, sie ernten nichts und sammeln auch keine Vorräte. Euer Vater im

Himmel versorgt sie. Meint ihr nicht, dass ihr ihm viel wichtiger seid? (…) Zerbrecht euch also nicht mehr den Kopf mit Fragen wie: ‚Werden wir genug zu essen haben? Und was werden wir trinken? Was sollen wir anziehen?' (…) Euer Vater im Himmel weiß doch genau, dass ihr dies alles braucht. Sorgt euch vor allem um Gottes neue Welt und lebt nach Gottes Willen! Dann wird er euch mit allem anderen versorgen" (Matthäus 6,26.31-33 HfA 2002). Lass dich von der Sorglosigkeit der Natur inspirieren. Beobachte die Vielfalt, die dir heute in der Natur begegnet: die Hunde, Vögel, Katzen, Schmetterlinge, Blumen, Büsche und uralte Bäume. Wann hast du zuletzt erlebt, wie etwas in der Natur dich berührt hat? Vielleicht erinnerst du dich, dass ich in der ersten Woche von den Rastplätzen geschrieben habe, die wir immer wieder aufsuchen sollten.

Plane für heute oder die nächsten Tage ein, einen schönen Ort in der Natur aufzusuchen und diesen mit allen Sinnen zu genießen. Atme und schmecke die frische Luft. Rieche alle Gerüche. Höre genau hin – vielleicht hörst du das Zwitschern eines Vogels oder das Rauschen des Windes. Und nimm die Schönheit, die du entdeckst, bewusst wahr.

Wenn du einen solchen Ort gefunden hast, nimm dir auch Zeit, durch deine bisherigen Notizen zu blättern: Was war bisher für dich wichtig? Was hast du dir vorgenommen? Ist dein Wochenplan noch stimmig oder möchtest du ihn ändern, damit er besser zu dir und deiner Lebenssituation passt?

# Tag 16:
# Wie füllst du dein Leben?

Ein berühmter Zeitmanagement-Professor gab eine Vorlesung zum Thema Zeitmanagement. Er brachte eine große Glasvase mit und lud die Studierenden ein, ihm bei einem Experiment zuzuschauen. Nach und nach befüllte er die Vase mit großen Steinen. Dann fragte er, ob die Glasvase voll sei. Die Studierenden bejahten. „Seid ihr sicher?", fragte der Professor, holte aus seinem Pult einen Behälter voller Kieselsteine her-

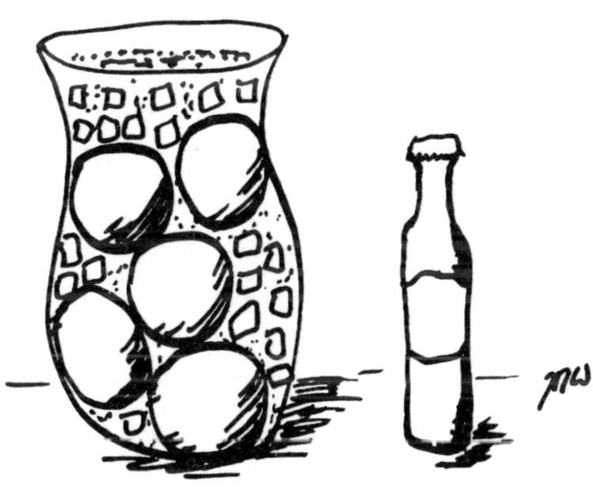

vor und schüttete diese in die Vase. Die Kiesel fielen zwischen die großen Steine. Wieder fragte er, ob die Vase voll sei.

„Wahrscheinlich nicht“, meinten manche.

Danach holte der Professor Sand hervor und schüttete diesen in die Vase. Die Sandkörnchen verteilten sich zwischen die Steine und den Kies. „Denkt ihr, jetzt ist die Vase voll?“, fragte der Professor erneut.

„Nein“, riefen einige Studierende nun voller Überzeugung.

Da nahm der Professor eine Bierflasche und goss Bier über Steine, Kies und Sand, und auch das Bier fand noch Platz in der Vase. „Was meint ihr, was bedeutet das für euer Zeitmanagement?“, fragte nun der Professor.

„Vielleicht bedeutet es, dass man immer noch mehr schafft und in den Tag unterbringen kann, als man ursprünglich denkt?“, antwortete einer.

„Es bedeutet, dass ihr euer Leben zunächst mit den Dingen füllen solltet, die für euch wirklich wichtig sind. Die großen Steine stehen für eure Familie und Freunde, eure Gesundheit, die wirklich wichtigen Projekte und Träume in eurem Leben. Wenn ich zuerst den Sand oder Kies eingefüllt hätte, wäre die Vase schon gefüllt gewesen und die großen Steine hätten keinen Platz mehr gefunden. Der Kies steht für die Dinge und Themen, die auch wichtig sind – eure Arbeit, euer Haus oder Auto. Der Sand steht für die vielen kleinen alltäglichen Dinge, die uns im Leben beschäftigen. Die finden dann schon ihren Platz."

„Und das Bier, was bedeutet das?", fragte einer nach.

„Auch wenn du richtig viel zu tun hast, sollte immer genügend Zeit sein, um sich mit seinen Freunden auf ein Bier zu treffen", sagte der Professor lachend.

Welche sind die großen Steine in deinem Leben?

________________________________________

________________________________________

________________________________________

________________________________________

________________________________________

Plane in deinem Leben diese „großen Steine" zuerst ein, gib ihnen Priorität und schaffe ihnen Raum.

# Tag 17: Hilfe zur Selbsthilfe im Gefühlschaos

Kennst du Situationen, in denen du verletzt wurdest, wütend oder enttäuscht bist und du den Eindruck hast, die Wut, Trauer oder Angst, die du empfindest, sind viel zu stark und zu groß und entsprechen gar nicht der reifen, vernünftigen, erwachsenen Person, die du eigentlich bist? Wenn wir in einer Situation stecken, die uns überfordert und uns Angst macht, fühlen wir uns manchmal wie kleine Kinder. Plötzlich sind wir innerlich nicht mehr kompetent und erwachsen, sondern wie die Zehnjährige, die vor einem cholerischen Mathelehrer steht und sich völlig gelähmt fühlt, oder der Sechsjährige, den die anderen beim Fußballspiel nicht mitspielen lassen. Überfordernde Situationen holen häufig alte Wunden aus der Kindheit hoch und ziehen uns dorthin zurück. Vielleicht kennst du den Spruch „Emotionen sind wie Kinder. Man sollte sie nicht in den Kofferraum sperren, aber ans Steuer lassen sollten wir sie auch nicht.“ Ich kenne beide Strategien bei mir: sowohl den Wunsch, anstrengende Emotionen einfach wegzusperren als auch die Versuchung, den starken Gefühlen die Kontrolle zu überlassen, mich in Selbstmitleid zu suhlen oder mich in einen wütenden Trotzanfall hineinzusteigern, weil „alle so gemein zu mir sind". Hast du schon einmal ein Kind getröstet, das Angst hatte und sich überfordert fühlte? Wenn du dich in einer Situation wiederfindest, die alte Kindheitsängste und Überforderungsgefühle in dir hochholt, kann es helfen, ein beruhigendes Selbstgespräch mit dem aufgewühlten Anteil in dir zu führen – so als würdest du mit einem Kind sprechen. Frag dich, was dir gerade Angst macht. Höre dir selbst gut zu und dann erzähle dem ängstlichen Teil in dir, warum er keine Angst haben muss. Erzähle deiner Seele, dass du schon viele schwierige Situationen durchgestanden hast, dass du erwachsen bist und kompetent. Und erzähle ihr, dass du nicht alleine bist, sondern einen großen, starken und vertrauenswürdigen Gott an deiner Seite hast.

Das hat schon König David aus der Bibel so gemacht. Er sprach in seinen Psalmen immer wieder direkt mit seiner Seele, um sie zu beruhigen: „Was betrübst du dich, meine Seele, und bist so unruhig in mir? Harre auf Gott; denn ich werde ihm noch danken, dass er meines Angesichts Hilfe und mein Gott ist" (Psalm 43,5 LUT). Vielleicht kennst du den Spruch: „Erzähle nicht Gott, wie groß dein Problem ist. Sondern erzähle dem Problem, wie groß dein Gott ist."

Probiere es aus und führe liebevolle, beruhigende Selbstgespräche mit deiner Seele, dem Anteil in dir, der manchmal hilflos, aufgewühlt und überfordert ist wie ein Kind. Erinnere deine Seele an den starken Gott an ihrer Seite.

Wenn wir unsere Emotionen in den Kofferraum sperren – sprich Trauer, Wut oder Ärger einfach runterschlucken und ihnen keinen Raum geben –, dann entziehen uns diese permanent einen Teil unserer Lebenskraft. Studien ergaben, dass Menschen, die ihren Ärger unterdrücken, ein schwächeres Immunsystem haben und anfälliger sind für Krankheiten. Unverdaute negative Emotionen wirken wie Gift in unserer Seele und unserem Körper.

Du kannst deinen Emotionen auch Raum geben, indem du sie zu Papier bringst. Setze dich dazu einfach hin, stelle dir folgende Fragen und schreibe die Gedanken, die dir dazu kommen, auf:

Welche Emotionen fühle ich gerade?

Fällt mir ein Ereignis oder eine Begebenheit ein, die mit diesem Gefühl in Verbindung steht?

Was ist passiert? Welche Gedanken habe ich dazu?

Du kannst völlig unzensiert aufschreiben, was du wirklich denkst – das bedeutet nicht, dass du es auch genau so aussprechen oder einem anderen Menschen zeigen musst. Hier einige Beispiele:

Ich fühle mich gerade traurig. Heute Morgen musste ich mich von guten Freunden verabschieden, die in eine andere Stadt umziehen.

Ich fühle mich gerade bedroht und habe Angst. Jemand aus meiner Familie ist erkrankt. Ich weiß nicht, wie ich mit der Situation umgehen soll.

Ich fühle mich gerade wütend und enttäuscht. Eine Freundin hat eine Einladung kurzfristig abgesagt, dabei hatte ich alles schon vorbereitet und mir den Abend freigehalten.

Ich fühle mich wütend. Mein Chef hat mich öffentlich kritisiert, dabei habe ich für das Projekt voller Engagement gearbeitet und sogar Überstunden gemacht.

Wenn du merkst, dass dich Ärger auf eine andere Person in deinem Leben belastet, du aber noch nicht so weit bist, darüber zu sprechen, kann es helfen, dieser Person einen sehr ehrlichen Brief zu schreiben, von dem du weißt, dass du ihn niemals abschicken wirst.

Bei tiefen Verletzungen kannst du auch eine Art „Anklageschrift" verfassen, in der du alles, was passiert ist, als Anklage zu Papier bringst. So ein Brief ist häufig ein erster Katalysator für deine Emotionen und kann dir helfen, deine Gedanken zu sortieren und deinen Gefühlen Luft zu machen. Wenn Ärger auf einen bestimmten Menschen in dir nagt, kann es im zweiten Schritt wichtig sein, noch einmal ein klärendes Gespräch zu suchen und dem anderen gegenüber zu formulieren, was dich sauer, wütend, traurig oder enttäuscht macht.

# Tag 18: Humor hilft

„Da will man mal in Ruhe das ganze Haus putzen – und was passiert? Man hat keine Lust." Über diesen Spruch auf Twitter habe ich mich heute mit meiner Familie köstlich amüsiert und wir konnten ein paar Minuten gar nicht mehr aufhören zu lachen. Eines der wichtigsten Gegenmittel gegen die Überforderung ist der Humor. Sogar Studien zeigen, dass wir beim Lachen Spannung in unserem Körper abbauen, Glückshormone freisetzen und unser Immunsystem stärken. Leider vergeht uns das Lachen besonders schnell, wenn wir angespannt und angestrengt durch unser Leben gehen.

Manchmal produziere ich besonders viel Situationskomik, wenn ich mich überfordert fühle oder zu viele Dinge auf einmal tue. Mir fällt es in dem Moment wahrscheinlich nicht auf, aber wenn ich meinen Freunden diese Geschichten im Nachhinein erzähle, müssen wir herzlich darüber lachen. Kürzlich haben wir uns in einer Runde die lustigsten Erlebnisse gestanden, die uns in Zeiten der Überforderung passiert sind. Eine Freundin erzählte, wie sie während der Arbeit einschlief, dabei fast vom Stuhl fiel und einen riesigen Papierstapel mit sich riss. Eine andere beschrieb, wie sie dreimal hintereinander in den Keller ging, um eine große Vase zu suchen, aber jedes Mal, wenn sie unten war, vergaß, was sie dort wollte, und mit anderen praktischen Fundstücken aus dem Keller zurückkam. Es gibt wahrscheinlich unzählige lustige Geschichten, über die wir mit ein wenig Abstand herzhaft lachen können – besonders aus den Zeiten, in denen wir mit der Überforderung zu kämpfen hatten. Eine besondere Gabe ist es, Missgeschicke direkt mit einer gesunden Portion Humor zu betrachten. Diese Gabe können wir ganz bewusst einüben und in schwierigen Situationen die Humorbrille auspacken. Standst du schon mal am Bahnsteig und hast mit vielen Menschen gemeinsam auf einen verspäteten Zug gewartet? In diesen Situationen merkt man schnell, wer von den Wartenden sich in Wut und Ärger hineinsteigert und wer die Situation mit einer Portion Humor betrachtet. Rate mal, wessen Stresslevel am Ende höher ist?

Manchmal entstehen Momente des Lachens ganz spontan. Du kannst aber auch bewusst dafür sorgen, dass Momente der Leichtigkeit und des Lachens Platz haben in deinem Leben, in deiner Familie, an deinem Arbeitsplatz. Eine Freundin von mir tanzt manchmal mit ihrer gesamten Familie durch das Haus oder sie starten spontane Kissenschlachten. In meinem

Freundeskreis sind Menschen mit so viel Humor und Sprachwitz, dass sie mich unweigerlich zum Lachen bringen. Wenn ich mich mit ihnen treffe, ist ein Abend voller Lachen garantiert.

Wann hast du zum letzten Mal so richtig herzhaft gelacht? Mit wem?

Wer oder was bringt dich zum Lachen? Ein Freund? Ein Buch? Eine Fernsehserie? Internet-Fundstücke? Deine eigenen Marotten?

Schaffe ganz bewusst Raum für Situationen, in denen du mal wieder aus vollem Herzen lachen und ausgelassen sein kannst.

# Tag 19: Von Tankstellen und Krafträubern

Jeder Mensch hat unterschiedliche Quellen, die ihm helfen, aufzutanken. Während introvertierte Persönlichkeiten besonders gut in der Stille Kraft schöpfen, zum Beispiel bei einem Spaziergang in der Natur, einem guten Buch, einer guten Tasse Tee oder einem heißen Bad, brauchen extrovertierte Typen eher Aktivität und Gemeinschaft. Eine gute Party oder ein lustiger Abend mit guten Freunden können manchen Menschen so richtig Kraft verleihen.

Es gibt auch Trügerisches, das uns am Ende mehr Energie raubt als gibt. Manchmal scheint es zum Beispiel am einfachsten und entspannendsten zu sein, sich nach einem langen, anstrengenden Tag vor den Fernseher zu setzen. Viele Studien haben aber ergeben, dass Fernsehen für unser Gehirn eher Stress bedeutet. Kennst du das Gefühl, dass du dich nach einem Fernsehabend nicht erholter, sondern noch ausgelaugter fühlst als davor? Einen ähnlichen Effekt hat zu viel Alkohol, zu viel Essen oder jede Art von Ersatzbefriedigung, mit der wir versuchen, ungute Gefühle zu betäuben.

Kennst du deine Energietankstellen? Was gibt dir wirklich Kraft? Besorge dir Stift und Papier.

Nimm dir zwei Minuten Zeit und schreibe alle Energietankstellen auf, die dir einfallen. Schreibe die ganzen zwei Minuten, ohne den Stift abzusetzen.

Nun lies dir deine Liste noch einmal in Ruhe durch. Welche Tankstelle willst du heute aufsuchen?

Neben Energietankstellen gibt es auch das genaue Gegenteil: Krafträuber. Das sind Gedanken oder Menschen, die einem regelrecht die Kraft aus dem Mark ziehen und alle Energie absaugen. Das können Meckerer, Jammerer, Pessimisten sein, die in allem das Schlechte suchen. Aber auch Menschen, die kein Problem damit haben, deine Hilfsbereitschaft auszunutzen. Vielleicht geht dein Chef ganz selbstverständlich davon aus, dass dein Job immer und zu jeder Zeit Vorrang vor deinem Privatleben hat. Andere Krafträuber können meine eigenen Gedanken sein, etwa wenn ich mir nach einem Scheitern einrede, dass alle Anstrengung ja doch nichts bringe, oder wenn ich mich selbst bemitleide und das Gefühl zulasse, ein hilfloses Opfer meiner Umstände zu sein. Eine Schwimmerin wollte einen Fluss durchqueren, um damit einen Weltrekord aufzustellen. Nachdem sie bereits viele Kilometer geschwommen war, gab sie kurz vor dem Ziel auf. Im Nachhinein erzählte sie, sie sei in Nebel geraten und als dieser dichter wurde, habe sie die Küste nicht mehr sehen können. Das Gefühl, endlos und ziellos durch dicken Nebel zu schwimmen, raubte ihr alle Kraft, sodass sie aufgeben musste. Sie hatte keine Hoffnung mehr, ihr Ziel zu erreichen. Nebel war für diese Schwimmerin ein Krafträuber.

Wir haben alle unseren individuellen Krafträuber. Schreibe auf deine Zettel, was dir die Energie stiehlt.

Nun überlege dir, mit welchen Strategien du diese Räuber entmachten willst. Stell dir ganz konkrete Situationen vor und überlege jetzt schon, was du sagen oder tun kannst, damit die Energieräuber keinen Platz und keine Macht in deinem Leben bekommen. Hier ein Beispiel: Wenn Tante Erna anruft und beginnt, stundenlang über ihr Leben und ihre Zipperlein zu klagen, sage ich ihr, dass ich gerade keine Zeit zum Telefonieren habe, oder ich frage sie, was sie sich vorgenommen hat, um ihre Probleme anzugehen.

Wenn Gedanken der Entmutigung kommen, überlege ich mir, was ein Coach jetzt wohl zu mir sagen würde. Mit diesen Sätzen feuere ich mich selbst an. Oder ich überprüfe, ob diese Gedanken („Ich kann das sowieso nicht" oder „Keiner mag mich") tatsächlich der Wahrheit entsprechen oder ob nur eine Lüge dahintersteckt. Dann kann ich mich bewusst entscheiden, diesen Muträubern nicht länger zu glauben, und schon haben sie ihre Macht verloren.

Wenn dir selbst Ideen fehlen, wie du mit Situationen, die dir immer wieder dir Kraft rauben, umgehen kannst, erzähle Freunden von diesen Themen und suche gemeinsam mit ihnen nach Ideen und Strategien.

# Tag 20: Von Windstärken und Orkanböen

Überforderung hat nicht immer nur mit einem Zuviel an Arbeit und Aufgaben zu tun, sondern häufig auch mit Situationen, die uns über den Kopf wachsen. Ein Konflikt auf der Arbeit, eine Krise in der Ehe, eine schwere Krankheit, mit der wir selbst oder ein lieber Mitmensch zu kämpfen haben, kann uns schnell alle Kraft rauben, die wir für unseren Alltag brauchen. Zu den Menschen, bei denen ein besonders hoher Stresslevel festgestellt wird, gehören auch Arbeitslose. Vielleicht denkst du dagegen manchmal: „Ich wäre meine Arbeit gerne mal los, dann wäre auch der Stress weg." Aber die Situation, nicht gebraucht zu werden und verzweifelt nach einem Job zu suchen, kann einen immensen Druck aufbauen. Interessanterweise können auch positive Lebensereignisse wie eine Hochzeit oder ein Umzug uns sehr viel mehr Kraft abverlangen, als wir vielleicht vermuten. Manche Psychologen arbeiten mit einer Punkteskala. Bestimmten Ereignissen, die eine besondere Belastung im Leben darstellen, wird eine bestimmte Anzahl von Punkten zugeordnet. Hier eine kleine Übersicht:

Weihnachtsfest: 12 Punkte
Umzug: 20 Punkte
Schwierigkeiten mit Chef: 23 Punkte
Wechsel an neuen Arbeitsplatz: 36 Punkte
Entlassung: 47 Punkte
Hochzeit: 50 Punkte
Schwere Krankheit: 53 Punkte
Scheidung: 73 Punkte
Tod des Lebenspartners: 100 Punkte

Wenn in einem kurzen Zeitraum eine gewisse Anzahl von Punkten auf dieser Stressskala erreicht wird, ist die Wahrscheinlichkeit, in der Folge zu erkranken, signifikant höher. In solchen Phasen ist es gut zu wissen, dass ein Gefühl der Überforderung eine ganz normale menschliche Reaktion ist. Es braucht Zeit, die Ereignisse zu verarbeiten. Und manchmal kann es wichtig sein, sich auch professionelle Unterstützung zu holen.

Ich möchte dir die Geschichte von einer meiner Freundinnen erzählen, die geheiratet hatte und deswegen umgezogen war. Damit hatte sie ihren Beruf und ihre Wohnung aufgegeben. Obwohl sie ihren Mann liebte und all diese Entscheidungen selbst getroffen hatte, fühlte sie sich in den ersten Wochen nach der Hochzeit plötzlich sehr depressiv und wurde von Schlafstörungen geplagt. Sie wunderte sich: Müsste sie als frisch verheiratete Frau nicht unglaublich glücklich sein? Als sie von der Stressskala hörte, war sie erleichtert, dass ihre Symptome zunächst einmal eine ganz normale Reaktion auf sehr viele große Veränderungen in ihrem Leben sein konnten. Es half ihr, sich die notwendige Zeit zu nehmen und sich bewusst einen Gesprächspartner zu suchen, der sie bei der Verarbeitung der vielen Veränderungen in ihrem Leben unterstützte.

Gab es in deinem Leben in letzter Zeit einschneidende Ereignisse und Veränderungen oder stehen dir solche bevor?

_______________________________________________

_______________________________________________

_______________________________________________

_______________________________________________

_______________________________________________

Vielleicht tut es auch dir gut zu wissen, dass es menschlich und völlig in Ordnung ist, wenn uns solche Situationen emotional mitnehmen, und dass es Zeit braucht, sie zu verarbeiten. Wenn du den Eindruck hast, Unterstützung zu brauchen, scheu dich nicht, dich an einen Seelsorger, Therapeuten, Coach oder Berater zu wenden.

# Tag 21: Entdecke deine Ressourcen und Kompetenzen

In Zeiten, in denen wir uns überfordert fühlen, stehen wir in der Gefahr, nur noch auf das zu schauen, was wir nicht können und nicht schaffen. Wir fühlen uns schwach, erschöpft und unfähig und können kaum noch sehen, was an Möglichkeiten und Kompetenzen in uns steckt. Vermutlich hast du schon eine Menge schwieriger Situationen in deinem Leben bewältigt. Vielleicht mit Ach und Krach, mit Hängen und Würgen und Ächzen und Krächzen – aber du hast überlebt. Sonst könntest du dieses Buch jetzt nicht lesen. Das bedeutet, du hast eine Menge Ressourcen und Kompetenzen, die dich bis hierher gebracht haben.

Überlege, welche schwierigen Situationen und Krisen du bisher in deinem Leben durchlebt und gemeistert hast und schreibe sie als Stichworte in der Liste rechts auf. Danach überlege, was dir geholfen hat, diese Situationen zu meistern. Dabei kann es sich um Eigenschaften, Einstellungen, Verhaltensweisen und Ressourcen handeln, die in dir liegen. Oder vielleicht hattest du auch ein gutes Netzwerk? Auch die Hilfe von anderen in Anspruch zu nehmen, ist eine Ressource.

Auf der Seite der schwierigen Situationen, die du schon gemeistert hast, könnte zum Beispiel stehen: „Prüfung geschafft", „Grippewelle meiner Kinder überstanden", „Abschlussarbeit geschrieben", „Hochzeit geplant", „Projekt abgeschlossen". Und auf der Seite der Ressourcen, Kompetenzen und Verhaltensweisen könnte stehen: „guten Plan gemacht", „Humor", „Hilfe von Freunden angenommen", „mir Pausen und Ruhe gegönnt", „keine Ablenkung durch Computerspiele", „Arbeit in kleine Abschnitte eingeteilt", „Optimismus". Diese Aufzählung soll dir aber nur ein paar Ideen liefern, in welche Richtung du denken könntest, denn natürlich sind deine Erfolge ganz individuell, genau wie deine Strategien, die dir bisher geholfen haben, diese zu erreichen.

| Welche schwierigen Situationen habe ich bisher gemeistert? | Welche Eigenschaften, Überzeugungen, Ressourcen, Kompetenzen und Verhaltensweisen haben mir dabei geholfen? |
|---|---|
| | |
| | |
| | |

Wenn du die Liste fertig hast, unterstreiche alle Punkte in der zweiten Spalte, die dir auch in Zukunft helfen können, schwierige Zeiten zu meistern.

Auf der Suche, nach deinen Ressourcen und Kompetenzen kannst du noch einen Schritt weiter gehen. Anstatt nur selbst zu überlegen, wo deine Stärken liegen, bitte fünf unterschiedliche Personen aus deinem Umfeld, zum Beispiel Freunde, Familienangehörige und Kollegen, dir Feedback zu geben. Stelle ihnen die Frage, welche drei Fähigkeiten oder besondere Stärken sie bei dir sehen. Bitte sie, jeweils eine Situation zu beschreiben, in der sie erlebt haben, wie du diese Fähigkeit eingesetzt hast.

Nach Rückmeldungen von fünf Personen hast du eine Liste von 15 Stärken mit 15 dazugehörigen Situationen. Gibt es Stärken, die von mehreren Personen genannt wurden? Das sind wahrscheinlich besonders herausragende positive Eigenschaften bei dir, die vielen auffallen.

Schreibe dir die drei wichtigsten Stärken auf eine Karte und suche dir einen Platz dafür aus, an dem du diese Stärken in nächster Zeit häufig vor Augen hast, zum Beispiel am Badezimmerspiegel oder in deinem Geldbeutel. Wenn du vor einer schwierigen Situation oder einem anstrengenden Tag stehst, erinnere dich bewusst daran, dass du auf diese Ressourcen zugreifen kannst.

# Tag 22:
# Muße statt müssen

Seit drei Wochen bist du nun schon auf dem Weg, dich mit dem Thema Stress in deinem Leben zu beschäftigen. Du hast deine Zeitplanung, deine Aufgaben und deine Gedanken analysiert und einige neue Dinge ausprobiert. Heute habe ich eine ganz besondere Aufgabe für dich: Tu einfach mal nichts! Einfach mal untätig zu sein, ist für mich ein richtiges Geschenk. Und ab und zu erlaube ich mir genau das.

Wann hast du zuletzt einen Moment absoluter Stille erlebt? Kein Fernseher, keine Musik. Kein Telefon. Keine Autos und Motoren. Keine rumpelnde Waschmaschine. Keine redenden Menschen. Einfach Stille. Manche Menschen sehnen sich nach Stille. Anderen Menschen machen solche Momente eher Angst.

Wie müsste eine Zeit der Ruhe aussehen, damit du Lust darauf hast? Wie lange kannst du Stille genießen oder auch aushalten?

Probiere es heute mal aus: Nimm dir ein paar Minuten Zeit in absoluter Stille und Ruhe. Mach es dir gemütlich. Tu nichts außer dazusitzen oder zu liegen. Wenn du möchtest, nimm einfach wahr, wie dein

Körper langsam und ruhig atmet. Wenn dir Gedanken durch den Kopf gehen, lasse sie fließen. Falls du möchtest, kannst du Gedanken, die dir wichtig werden, aufschreiben oder sie in einem Gebet mit Gott besprechen. Aber das musst du natürlich nicht …

Hast du gemerkt, wie gut dir ein paar Momente der Stille tun und dich ein klein wenig entspannter werden lassen? Vielleicht hast du ja Lust, solche „Rastplätze“ in den nächsten Tagen immer mal wieder „anzufahren“.

Wenn du möchtest, blättere durch deine bisherigen Notizen. Was war bisher für dich wichtig? Gibt es ein Kapitel, das du noch einmal vertiefen möchtest?

# *Tag 23: Tschüss Multitasking*

Viele Menschen sind stolz darauf, besonders gut zu sein im sogenannten Multitasking. Sie telefonieren, schreiben nebenbei E-Mails und lesen im Hintergrund noch irgendwelche Artikel oder versuchen, einer Fernsehsendung zu folgen. Doch mittlerweile hat die Hirnforschung herausgefunden, dass es so etwas wie Multitasking gar nicht wirklich gibt. Wenn wir versuchen, uns auf mehr als zwei komplexe Aufgaben gleichzeitig zu konzentrieren, leidet die Qualität bei

allen Aufgaben oder wir werden sehr viel langsamer. Wer versucht, zu viel auf einmal zu erledigen, wird auf Dauer eher unaufmerksam und fahrig. Deshalb ist eine tolle Übung gegen die Überforderung, sich immer nur auf eine Sache zu konzentrieren.

Kennst du Situationen, die so oder ähnlich ablaufen? Du sitzt an deinem Schreibtisch und arbeitest an einer E-Mail. Dabei fällt dir auf, dass das Bild vor dem Schreibtisch etwas schief hängt. Um das Bild wieder richtig aufzuhängen, brauchst du einen Hammer. Auf dem Weg zum Werkzeugkasten kommst du an der Küche vorbei und bekommst Lust auf einen Kaffee. Während du in der Küche Kaffee machst, klingelt der Postbote und bringt dir ein Paket. Du öffnest das Paket und ziehst das Buch heraus, das du dir kürzlich bestellt hast. Du beginnst in dem Buch zu blättern und erinnerst dich, dass die Buchempfehlung von einer Freundin kam, die heute Geburtstag hat. Du rufst die Freundin an, gratulierst ihr und ihr unterhaltet euch ein bisschen. Dir fällt ein, dass irgendwo noch dein Kaffee steht, der mittlerweile schon abgekühlt ist. Mit deinem Getränk gehst du wieder an den Schreibtisch. Dort siehst du die E-Mail, die du vorhin begonnen hattest. Doch da kommt gerade die nächste E-Mail rein: ein Newsletter, der auf einen interessanten Artikel im Internet verweist. Du klickst auf den Artikel und vertiefst dich darin. Als du hochblickst, siehst du das Bild. Es hängt immer noch schief. Dir fällt ein, dass du einen Hammer holen wolltest … Ich selbst kenne solche Situationen leider nur zu gut. In der Psychologie nennt man das mangelnde Impulskontrolle. Viele Forscher gehen davon aus, dass nicht die höhere Komplexität unserer Arbeitswelt uns krank macht, sondern unser Umgang damit. Weil wir den häufigen Ablenkungen nachgeben, fühlen wir uns gestresst, unruhig und haben am Ende des Tages den Eindruck, wir hätten viel gemacht und doch nichts geschafft.

Überlege kurz, wann du zuletzt besonders konzentriert gearbeitet und in wenig Zeit besonders viel geschafft hast. Viele Menschen erzählen, dass sie solche Momente kurz vor einer Deadline oder kurz vor einem Urlaub erleben – wenn sie wissen, dass sie einen festen Termin haben, bis zu dem alles fertig sein muss.

Manchmal nutze ich diesen Effekt der „Zeitbegrenzung“ und stelle mir einen Wecker auf 30 Minuten, um in dieser Zeit ganz konzentriert an einer bestimmten Aufgabe zu arbeiten, und gönne mir danach dann bewusst fünf Minuten Pause. Oder ich plane am Anfang des Tages sehr genau ein, wie lange ich arbeiten werde und wann mein Feierabend beginnt. So kann ich nicht nur auf ausreichende Erholungsphasen achtgeben, sondern es hilft mir auch, effektiver und konzentrierter zu arbeiten.

Vielleicht kennst du die alte Geschichte, in der ein weiser Mann einmal gefragt wurde, warum er trotz seiner vielen Beschäftigungen immer so glücklich sein könne. Er sagte: „Wenn ich stehe, dann stehe ich, wenn ich gehe, dann gehe ich, wenn ich sitze, dann sitze ich, wenn ich esse, dann esse ich, wenn ich liebe, dann liebe ich …“ Da sagten die Leute: „Aber das tun wir doch auch!“ Er aber sagte zu ihnen: „Nein. Wenn ihr sitzt, dann steht ihr schon, wenn ihr steht, dann lauft ihr schon, wenn ihr lauft, dann seid ihr schon am Ziel.“ Kommt dir das bekannt vor?

Wenn wir aufstehen, planen wir schon den ganzen Tag. Beim Busfahren, gucken viele auf ihr Smartphone, checken die E-Mails und die neuesten Updates ihrer Freunde auf Facebook. Während wir essen, sehen wir fern. Bei vielem, was wir tun, sind wir nicht wirklich bei der Sache und in Gedanken schon ganz woanders.

Nimm dir für heute vor, immer nur eine Sache auf einmal zu tun, und widme dieser Sache deine ganze Aufmerksamkeit. Wenn du isst, genieße das Essen, wenn du gehst, genieße den Weg. Wenn du arbeitest, erledige eine Aufgabe nach der anderen, und wenn du mit einem Menschen redest, egal ob Kunde, Partner, Freund oder Kind, hör zu und sei ganz bei deinem Gegenüber.

# *Tag 24: Sei dein größter Fan – feuere dich an!*

Du bist jetzt schon ziemlich lange Zeit mit deinem Stress-Detox-Experiment unterwegs.

Wie läuft es bisher?

Hast du irgendetwas umgesetzt und verändert?

Hast du gute Ideen entwickelt?

__________________________________________

__________________________________________

__________________________________________

__________________________________________

__________________________________________

Herzlichen Glückwunsch! Ich finde, du kannst wirklich stolz auf dich sein. Den meisten Menschen geht es so, dass sie eher ihre Fehler bemerken und nicht ihre Fortschritte. Und die Versuchung ist groß, sich mit anderen zu vergleichen – mit denen, die noch viel mehr innere Ruhe und Stärke besitzen und ihr Leben besser im Griff zu haben scheinen.

Ich habe einen Vorschlag für dich: Vergleiche dich nicht mit anderen, sondern lieber mit der Person, die du früher warst und freue dich, wenn du dich von dort aus weiterentwickeln konntest. Jeder kleine Schritt zählt.

Stell dir vor, du coachst einen guten Freund oder eine gute Freundin beim 30-Tage-Detox-Experiment. Was würdest du ihm oder ihr sagen, um sie anzufeuern und zu ermutigen? Und was sagst du dir selbst, um dich anzufeuern und zu ermutigen?

Schreib dir selbst ein paar Zeilen, in denen du dich ermutigst, wie ein guter Freund es für dich tun würde.

# Tag 25: Die Falle der schnellen Gefallen

Manche Menschen arbeiten permanent an ihrer eigenen Überforderung und das völlig versehentlich und ohne es zu merken. Sie geben einfach nicht so richtig auf sich und ihren Terminkalender acht.

„Kannst du am Dienstagabend für mich babysitten?" –„Klar, kein Problem."

„Könntest du XY vom Flughafen abholen?"– „Logisch."

„Könntest du zu dem Büfett noch einen Salat und einen Kuchen mitbringen?" – „Sicher."

Kennst du das? Ich schon. Ich sage gerne Ja, helfe gerne, unterstütze meine Freunde und lasse mich schnell für neue Projekte und Ideen begeistern.

Vor kurzem fragte mich eine Freundin an einem Tag, der ohnehin schon sehr gut gefüllt war, ob ich ihr schnell bei ihrem Arbeitszeugnis helfen könne. Das Formulieren von Arbeitszeugnissen und Bewerbungen fällt mir leicht und ich hatte mir mal vorgenommen, dieses Talent freigiebig meinen Freunden zur Verfügung zu stellen, die sich mit solchen Tätigkeiten quälen. Fast reflexartig sagte ich Ja, ließ mir ihren Zeugnisentwurf schicken und überarbeitete ihn. Da sie aber in einem Spezialgebiet arbeitete, mit dem ich mich wenig auskenne, kostete es mich eine gute Stunde, ihr zu helfen. Am Ende fehlte mir diese Stunde bei meinen eigenen Aufgaben und ich ärgerte mich über mich selbst. Auch wenn ich grundsätzlich gerne helfe, hätte mir in diesem Fall eine Bedenkzeit gut getan.

Wenn du häufig in die „Falle der schnellen Gefallen“ tappst, dann hast du nur eine Möglichkeit: Streiche die Antwort „Ja, gerne“ aus deinem Vokabular und ersetze sie durch: „Ich bin nicht sicher, ob ich es zeitlich schaffe. Ich denke darüber nach und gebe dir morgen Bescheid.“ Oder du antwortest: „Heute (alternativ: diese Woche) schaffe ich es nicht mehr, bis wann brauchst du es denn?“

Ein Zeitmanagementtrainer stellte seine Trainingsgruppe einmal vor eine Aufgabe. Er gab ihnen eine Wasserkanne mit zwei Litern Wasser und ein leeres Gefäß mit dem Fassungsvermögen von einem Liter. Sie sollten nun herausfinden, wie sie es schaffen konnten, die zwei Liter Wasser in ein Ein-Liter-Gefäß zu füllen. Die Gruppe überlegte hin und her, ob es irgendeinen Trick gab, aber eine richtig gute Lösung fiel niemandem ein. Irgendwann löste der Trainer die Spannung auf und sagte: „Es gibt keine Lösung. Zwei Liter passen nun mal nicht in ein Ein-Liter-Gefäß.“ Und genauso ist es mit dem Zeitmanagement. Der Tag hat 24 Stunden und eine Stunde hat 60 Minuten. Wir können sie nicht ausdehnen und auf eine wundersame Zeitvermehrung hoffen. Zeit ist eine kostbare Ressource. Jedem Menschen, egal ob reich oder arm, steht pro Tag dieselbe Menge zur Verfügung.

Jedes Ja, dass du zu einer Aufgabe und Verantwortung sagst, bedeutet ein Nein zu einer anderen Sache. Deswegen überlege gut, wozu du Ja sagst. Ein guter Filter ist hier die Frage, ob eine Aufgabe wirklich wichtig ist und mit den Zielen und Prioritäten, die du für dein Leben hast, übereinstimmt. Wenn wir versuchen, Aufgaben für zwei Tage in einen einzigen Tag hineinzupacken, werden wir unweigerlich scheitern. Ich selbst neige dazu, meinen Tag völlig ohne Puffer für unerwartete Dinge zu planen und von der bestmöglichen und schnellstmöglichen Lösung für alle meine Aufgaben auszugehen. Dabei wissen wir alle, dass neben den planbaren Vorhaben jeden Tag auch Unerwartetes passiert, mit dem wir nicht rechnen konnten: Staus und Ampeln verlängern die eingeplante Dauer einer Autofahrt. Unerwartete Anrufe und Unterbrechungen verlängern die Arbeitszeit für eine bestimmte Aufgabe. Je nach beruflicher Tätigkeit haben unterschiedliche Leute wie Kunden, Klienten, Patienten oder Vorgesetzte Zugriff und Einfluss auf unsere Zeit und bringen weitere Aufgaben mit. Je nachdem, welcher Arbeit wir nachgehen, ist der Überraschungsanteil größer oder kleiner. Besonders

Eltern wissen, wie eine plötzliche Magengrippe eines Kindes in Sekunden die ganze Tagesplanung über den Haufen werfen kann. Eine Faustregel im Zeitmanagement besagt, dass man für eine geplante Aufgabe noch einmal 40 Prozent der Zeit als Puffer für unerwartete Dinge einrechnen sollte.

Schreibe dir alle Punkte auf eine Liste, die du heute erledigen willst. Prüfe, ob jeder davon wirklich wichtig ist. Nun überlege, wie lange jede dieser Tätigkeiten dauern wird. Dann rechne noch einmal etwa 40 Prozent der Zeit als Puffer ein. Bei wie vielen Stunden bist du?

Wenn du mehr Stunden verplant hast, als dir heute überhaupt zur Verfügung stehen, überprüfe deine Planung. Streiche, wo es dir möglich ist, Aufgaben von deiner To-do-Liste, bis du den Eindruck hast, dass deine Planung realistisch ist und auch unvorhergesehene Dinge darin Platz haben.

# Tag 26: Glaube nicht alles, was du denkst

Vor einiger Zeit wurde ich an einer Bushaltestelle Zeugin eines Gesprächs zwischen einer Mutter und einem Kind. „Du bist so dumm", schrie die Mutter ihr Kind an, das wahrscheinlich gerade im Grundschulalter war. „Sag, dass du dumm bist!"

Ich weiß nicht, was vorgefallen war und bis heute bereue ich, dass ich nicht eingeschritten bin. Jedem

Zuhörer dieser Szene ist sicher klar, dass diese Worte grausam, abwertend und gemein waren. Aber so schnell wir als Außenstehende die ungute Wirkung solcher Sätze erkennen, so schwer fällt es uns manchmal, ähnlich negative Sätze im Umgang mit uns selbst zu erkennen. In Coachingprozessen erlebe ich viele erwachsene und reife Menschen, die sich jeden Tag selbst ähnlich abwertende Sätze vorsagen.

„Ich bin so blöd, was hab ich jetzt schon wieder angestellt."

„Das werde ich nie schaffen."

„Ich bin einfach zu ungeschickt, zu hässlich, zu unordentlich, zu langsam, zu …" Kennzeichen von toxischen Gedanken ist, dass sie negativ, abwertend und verallgemeinernd sind. In der Regel basieren sie nicht auf der Realität, sondern auf falschen Deutungen der Realität – man könnte auch sagen: auf Lügen, die wir glauben. Wenn du einen Fehler machst, was denkst du dann?

„Ich bin ein Versager – immer mache ich alles falsch!"

Oder: „Ah, da ist mir ein Fehler passiert. Schade. Nächstes Mal mach ich es besser."

Häufig stammen negative Gedankenmuster aus der Kindheit. Möglicherweise haben Autoritätspersonen wie Eltern oder Lehrer über uns bestimmte Gedanken ausgesprochen, die wir verinnerlicht haben. Aber auch negative Erlebnisse können Kinder so interpretieren, dass daraus verallgemeinernde Glaubenssätze werden wie: „Ich bin eben unbeliebt." Oder: „Am Ende blamiere ich mich und alle lachen mich aus."

Kennst du solche Sätze und Gedanken? Solche Gedanken sind wie Säure, mit der wir uns selber übergießen. Negative Gedanken ziehen uns herunter. Sie rauben uns die Freude am Leben, sabotieren unser Selbstvertrauen und im schlimmsten Fall machen sie uns sogar krank. Zahlreiche Studien belegen, welche starke Wirkung negative oder positive Gedanken auf unseren Erfolg, unser Lebensgefühl bis hin zu unserer Gesundheit haben. Bei einer Studie mit mehr als 70.000 Frauen fanden Forscher der Harvard-Uni heraus, dass Frauen mit einer positiven Lebenseinstellung ein bis zu 26 Prozent niedrigeres Risiko hatten, an Krebs zu erkranken. Bei Infektionskrankheiten lag das Risiko sogar bis zu 52 Prozent unter den Werten von Frauen mit einer besonders pessimistischen Einstellung. Auch Erfolg und Leistungsfähigkeit hängen zu einem großen Teil an unseren Gedanken, mit denen wir uns selbst Gelingen oder Misserfolg prophezeien.

In den letzten Tagen ging es immer wieder darum, dass Stress entweder aus meinen Umständen entsteht oder aus meiner individuellen Einschätzung und Deutung dieser Umstände. Deswegen lohnt es sich, sehr genau hinzusehen, wie ich bestimmte Situationen in meinem Leben einschätze und bewerte. Nachdem wir gerade mitten in einer Detox-Phase sind, ist es sinnvoll, giftige Sätze zu entlarven und zu entmachten. Dafür müssen wir solche Gedanken erst einmal wahrnehmen, denn häufig sind sie uns gar nicht bewusst. Jeder Mensch denkt um die 60.000 Gedanken am Tag. In bestimmten Situationen reagieren wir reflexhaft mit den immer gleichen Gedanken und Gefühlen. Doch nur weil uns ein Gedanke durch den Kopf geht, heißt es noch lange nicht, dass er der Wahrheit entspricht. Gedanken sind wie Vögel, sie kreisen über unserem Kopf. Aber wir haben die Entscheidung, welchen Gedanken wir erlauben, sich bei uns einzunisten. Kurz gesagt: Glaube nicht alles, was du denkst.

Mach dir deine Gedanken bewusst:
Welche Situation belastet mich gerade?

________________________________________

________________________________________

Welche Gedanken gehen mir zu dieser Situation durch den Kopf? Was denke ich dabei über mich selbst?

________________________________________

________________________________________

Hinterfrage deine Gedanken:
Ist diese Situation wirklich so, wie ich denke? Oder könnte ich das auch anders sehen? Wie würde ein guter Freund von mir diese Situation und meine Gedanken dazu einschätzen?

Was müsste ich denken, damit ich Kraft und Mut bekomme, mit dieser Situation anders umzugehen?

Manchmal bitte ich Gott im Gebet, vergiftete Gedanken, die ich glaube aufzudecken. Er kennt die Wahrheit und kann sie mir deutlich machen. Ich bete dann, dass er mir hilft, diese falschen Einstellungen hinauszuwerfen. Zum Beispiel: „Gott, ich werfe die Lüge, dass ich keine Fehler machen darf, aus meinem Leben. Ich danke dir für die Wahrheit, dass jeder Mensch Fehler macht und ich auch geliebt bin, wenn ich etwas falsch gemacht habe. Danke, dass du mir vergibst und hilfst, mit diesem Fehler gut umzugehen."

# Tag 27: Leistest du noch oder lebst du schon?

Wenn ich immer wieder in die Falle tappe, mir zu viele Aufgaben aufzubürden, lohnt sich die sehr ehrliche Frage, was eigentlich hinter diesem Muster steckt. Wir haben uns schon einige Antreiber angesehen. In vielen Gesprächen – auch mit Coaching-Klienten – merke ich, dass ein ungesunder Leistungsanspruch häufig mit einer tiefen Verunsicherung in der eigenen Identität zusammenhängt.

Kennst du die Geschwindigkeitsmesser, die dich mit einem Smiley belohnen, wenn du mit deinem Auto in der Zone 30 auch wirklich nur 30 km/h fährst? Ich versuche diesen Smileys automatisch durch mein angemessenes Fahrtempo ein Lächeln zu entlocken.

Schon kleine Kinder lernen, dass sie mit gutem Verhalten ihre Eltern zum Lächeln bringen und mit schlechtem Verhalten zum Zorn reizen können. Als Kind haben wir an unsere Eltern und unsere Umwelt eine grundlegende Frage gestellt: Bin ich, so wie ich bin, gut und geliebt? Kinder orientieren sich an der Reaktion ihrer Eltern, um herauszufinden, wie das

Leben funktioniert und wofür sie Anerkennung und Liebe bekommen. Wenn ein Kind feststellt, dass es nur anerkannt und geliebt ist, wenn es sich anstrengt und Leistung bringt, wohingegen Fehler und schlechte Leistungen durch Liebesentzug bestraft werden, kann die Überzeugung entstehen: „Nur wenn ich etwas leiste, bin ich wertvoll und anerkannt." In nächster Konsequenz schließen sie dann: „Je mehr ich leiste, desto wertvoller bin ich." Ganz besonders wenn das Kind es schafft, durch Leistung Anerkennung zu bekommen, verstärkt sich diese Überzeugung. Natürlich kann es auch sein, dass Kinder es nicht schaffen, dem Leistungsanspruch zu genügen, und stattdessen eher rebellisch werden und negative Aufmerksamkeit suchen.

Wie ist das bei dir? Woher beziehst du deinen Wert? Aus dem, was du tust? Oder aus dem, wer du bist? In vielen von uns steckt eine tiefe Vermutung, nur dann etwas wert zu sein, wenn wir auch etwas leisten, und im Folgeschluss, dass wir umso mehr wert sind, je mehr wir leisten. Bei anderen fallen uns solche Muster oft ganz schnell auf: bei den Kollegen, die die Zahl ihrer Überstunden nennen, als hätten sie damit einen Orden verdient. Bei Müttern, die voller Stolz von ihrem Wochenplan als Chauffeure ihrer Kleinen zu zahllosen Terminen wie Fußballtraining, Spielverabredungen, Balletttraining und Babyschwimmen erzählen. Bei Freiberuflern, die mit unverkennbarem

Stolz in der Stimme prahlen, sie hätten schon seit Jahren keinen Urlaub mehr gemacht. Aber wie ist das bei mir – und bei dir?

______________________________________________

______________________________________________

______________________________________________

______________________________________________

______________________________________________

In der Bibel gibt es eine Szene, in der Jesus sich taufen lässt. Es ist noch vor Beginn seines Wirkens. Er hat noch keine Predigt gehalten, keine Wunder getan, niemanden geheilt. In dieser Szene öffnet sich der Himmel und eine Stimme sagt: „Dies ist mein geliebter Sohn, über den ich mich von Herzen freue" (Matthäus 3,17b HfA).

Ich kenne viele Menschen, die sich ein Leben lang danach sehnen, von ihrem Vater oder auch ihrer Mutter endlich eine solche Bestätigung erhalten: „Ich hab dich lieb und ich bin stolz auf dich, so wie du bist." Wenn diese Bestätigung ausbleibt, versuchen sie, durch noch mehr Leistung endlich zu beweisen, dass sie liebenswert sind. Bei manchen leben die Eltern selbst schon gar nicht mehr – aber sie bemühen sich trotzdem weiterhin, ihnen den eigenen Wert zu beweisen.

Nach welchem Lächeln suchst du? Wem willst du etwas beweisen?

---

---

---

---

---

Vielleicht kennst du den alten jüdischen Segen, mit dem oft Gottesdienste enden: „Der Herr segne dich und behüte dich, der Herr lasse sein Angesicht über dir leuchten und sei dir gnädig; der Herr erhebe sein Angesicht über dich und gebe dir seinen Frieden" (4. Mose 6,24-26 LUT). Unter dem Segen Gottes zu leben, bedeutet für mich, unter dem lächelnden Blick eines liebenden Vaters zu sein, der mir Identität zuspricht, bevor ich irgendetwas geleistet habe.

„Das ist meine geliebte Tochter, über die ich mich von Herzen freue."

„Das ist mein geliebter Sohn, über den ich mich von Herzen freue."

Mit der Frage, ob ich geliebt und angenommen bin, unabhängig von meiner Leistung, steht oder fällt die Motivation, aus der heraus ich meine Aufgaben angehe. Natürlich kann es auch andere Gründe geben, warum wir über eigene Grenzen gehen und uns mehr aufbürden, als es unserem Körper und unserer Seele gut tut. Wenn du dich ertappst, dass du über deine eigenen Grenzen gehst, lohnt es sich immer, die eigene Motivation zu hinterfragen:

Wo sagst du Termine zu, weil du dich geehrt fühlst, dass du gefragt wurdest, auch wenn es dir eigentlich zu viel war?

Ziehst du Befriedigung daraus, völlig erschöpft und ausgelaugt ins Bett zu fallen?

Erzählst du mit Stolz, wie viele Projekte du gerade parallel jonglierst?

Versuchst du, die perfekte Gastgeberin oder der perfekte Gastgeber zu sein, statt die Begegnung mit deinen Gästen zu suchen?

Wartest du immer noch darauf, dass dir endlich jemand sagt: „Gut gemacht, ich bin stolz auf dich.“?

Wenn du möchtest, lege eine Hand auf dein Herz und sage zu dem Kind, das du mal warst: „Du bist gut so, wie du bist. Ich bin stolz auf dich und hab dich lieb!“

Über dir lächelt jemand. Wenn du das glaubst, dann lächele doch mal zurück.

# Tag 28: Lebe im Hier und Jetzt

Nachts wach halten uns eher selten die Sorgen des heutigen Tages, sondern die Sorgen im Blick auf die Zukunft. Das Bemühen, heute schon alle Eventualitäten der Zukunft zu bedenken, ist für jeden Menschen überfordernd. Vor einigen Tagen haben wir eine Aussage von Jesus betrachtet: „Seht euch die Vögel an! Sie säen nichts, sie ernten nichts und sammeln auch keine Vorräte." Im Anschluss daran spricht er über das Heute und das Morgen: „Deshalb sorgt euch nicht um morgen – der nächste Tag wird für sich selber sorgen! Es ist doch genug, wenn jeder Tag seine eigenen Schwierigkeiten mit sich bringt.«" (Matthäus 6,34 HfA).

Es gibt diesen englischen Spruch:
„Yesterday is history.
Tomorrow is a mystery.
Today is a gift.
That's why it's called present."

(Auf Deutsch etwa: Das Gestern ist Geschichte, das Morgen ein Geheimnis, das Heute ein Geschenk, man nennt es auch Präsent.) Wie präsent bist du in deinem Leben? Eine Freundin von mir sprach einmal von der: „Anwesenheitspflicht im eigenen Leben". Ich selbst möchte in meinem Leben ganz da sein.

Wage heute und in den nächsten Tagen ein kleines Experiment mit dem Leben im Hier und Jetzt: Genieße den Moment. Egal, wo du gerade bist, nimm dein Umfeld mit allen Sinnen wahr. Was fällt dir auf? Die Luft, Gerüche, ein besonderer Geschmack, dein Körper, dein Atmen, dein Untergrund, die Menschen um dich herum? Eine Übung, die mir dabei immer gut tut ist die, beim Essen ganz bewusst jede Geschmacksnuance wahrzunehmen und zu genießen.

Mach dir keine Sorgen um morgen – und wenn du dich doch dabei ertappst, dann versuche, diese Sorgen so schnell wie möglich bei Gott abzuladen. Lass die Lasten von gestern los. Vielleicht hast du viele falsche Entscheidungen getroffen, aber heute ist ein neuer Tag und eine neue Chance, dein Leben mit Liebe zu dir selbst, zu deinen Mitmenschen und zu Gott zu leben. Wenn du heute einen Neustart brauchst, dann lass dich von diesem Bibelvers ermutigen: „Die Güte des Herrn hat kein Ende, sein Erbarmen hört niemals auf, es ist jeden Morgen neu! Groß ist deine Treue, o Herr!" (Klagelieder 3,22-23 HfA).

# Tag 29: Manchmal ist Unterstützung nötig

Vielleicht hast du während dieses Detox-Experiments gemerkt, dass es Punkte gibt, bei denen du alleine nicht weiterkommst. Vielleicht versuchst du, Sorgen bei Gott loszulassen, aber jede Nacht rauben dir die Gedanken erneut den Schlaf. Vielleicht ist deine Erschöpfung schon so groß, dass gelegentliche Ruhepausen und freie Tage gar keinen Erholungseffekt mehr haben. Oder deine Arbeit hat dich so im Griff, dass du es bei allen guten Vorsätzen nicht schaffst, etwas kürzerzutreten. Vielleicht hast du auch ein regelrechtes Problem mit Aufschieberitis (Prokrastination) und du merkst, dass die Hürde, Dinge anzupacken, mittlerweile so groß ist, dass du innerlich schon aufgegeben hast.

Wenn du das Gefühl hast, dich für nichts motivieren zu können, und sich alles sinn- und hoffnungslos anfühlt, dann zögere bitte nicht, dir professionelle Unterstützung zu suchen. Das Gleiche gilt auch, wenn du andauernde körperliche Symptome wie permanente Kopf- und Rückenschmerzen, Magen-Darm-Beschwerden, häufige Infekte oder Hörstörungen wie einen Hörsturz oder Tinnitus bei dir feststellst.

Manche Menschen empfinden es als ein Eingeständnis von Versagen, wenn sie die Hilfe von anderen in Anspruch nehmen. Meistens muss der Leidensdruck sehr groß werden, bis jemand zugibt: „Ich schaffe es nicht alleine, ich könnte Hilfe von außen gebrauchen.“ Wer sich dann überwindet und sich Hilfe zum Beispiel bei einem Arzt, Coach oder Therapeuten sucht, macht häufig die Erfahrung, dass diese Beratung keine Qual ist, sondern vielmehr ein Geschenk – einfacher, hilfreicher und wohltuender, als man es jemals vermutet hätte. Manchmal kann schon das Aussprechen von belastenden Gedanken, das Reden über Versagen, Ängste, Süchte oder Verletzungen der erste Schritt in die Freiheit und zur Heilung sein, da so der Kreislauf aus Scham, Selbstverurteilung und Minderwert durchbrochen wird.

Man muss sich aber Hilfe von außen nicht erst suchen, wenn die Verzweiflung einen gepackt hat und der Leidensdruck ins Unermessliche steigt. Ich kann mir auch in Punkten Unterstützung holen, bei denen ich mir einfach neue Horizonte und eine Weiterentwicklung erhoffe. Die Begleitung durch einen anderen Menschen kann immer neue Blickwinkel öffnen und mich selbst weiterbringen, da ein Außenstehender durch die Distanz eine ganz neue Perspektive einbringen kann. Jeder gute Sportler hat einen Coach oder Trainer, der ihm hilft, besser zu werden.

Wenn du merkst, dass du Hilfe von außen brauchst, dann gehe heute den ersten Schritt und suche dir Unterstützung.

# Tag 30: Zeit zurückzublicken – und zu feiern!

Tag 30 – das Ende unseres Stress-Detox-Experiments und ein guter Zeitpunkt, ein Fazit zu ziehen. Nimm dir doch noch mal deine Notizen aus den letzten Wochen zur Hand und sieh sie dir an.

Du hast der Überforderung in deinem Leben in einem 30-tägigen Experiment den Kampf angesagt. Du hast über Ursachen von Stress und Überforderung in deinem Leben nachgedacht und neue Dinge ausprobiert.

Erinnerst du dich noch, welche Gedanken, Ideen und Impulse du im Laufe der letzten Wochen hattest? Gab es Punkte, die du dir vorgenommen hattest? Was lief gut? Wo warst du herausgefordert? Wo bist du vielleicht auch kläglich gescheitert? Was hast du gar nicht erst ausprobiert? Welches waren die Höhepunkte, deine besten Momente? Welche Impulse, Gedanken und neuen Gewohnheiten möchtest du beibehalten?

Der bewusste Umgang mit den Anforderungen des Lebens wird wohl nie aufhören, solange wir leben und arbeiten. Immer wieder müssen wir innehalten und

Rastplätze aufsuchen. Es wird auch immer wieder darum gehen, im sprichwörtlichen Sinne unsere „Axt“ zu schärfen, also unsere Methoden und Strategien im Umgang mit Stress zu überdenken, bevor wir weitermachen.

Aber für heute schlage ich vor: Feiere einfach, dass du deine 30-tägige Stress-Entgiftung abgeschlossen hast.

Überlege dir, wie für dich ein gutes Finale aussieht.

Trinke einen Sekt oder genieße eine Tasse Tee.

Schreibe dir deine zehn wichtigsten Erkenntnisse auf und erzähle jemand anderem davon.

Danke Gott für alle Ideen, alle Inspiration und die Kraft und Ruhe, die er immer wieder schenkt.

Gönne dir heute eine lange Rast, bevor die Reise (mit hoffentlich weniger Überforderung) morgen wieder weitergeht.

# Quellenverzeichnis

Soweit nicht anders angegeben, sind alle verwendeten Bibelstellen der Übersetzung Hoffnung für alle® entnommen, Copyright © 1983, 1996, 2002 by Biblica Inc.®. Verwendet mit freundlicher Genehmigung von `fontis – Brunnen Basel. Alle weiteren Rechte weltweit vorbehalten.

Weiter wurden verwendet:

Hoffnung für alle® in der Bearbeitung von 2002 by Biblica Inc.® (HfA 2002)

Lutherbibel, revidierter Text 1984, durchgesehene Ausgabe © 1999 Deutsche Bibelgesellschaft, Stuttgart. (LUT)

Neues Leben. Die Bibel © 2002 und 2006 SCM-Verlag GmbH & Co. KG, Witten. (NLB)

S. 7: Markus Dettmer/Samiha Shafy/Janko Tietz: „Volk der Erschöpften"; in: Spiegel 4/2011, http://www.spiegel.de/spiegel/print/d-76551044.html, Zugriff am 01.06.2018.

S. 9: „Entspann dich, Deutschland – TK-Stressstudie 2016"; in: https://www.tk.de/centaurus/servlet/

contentblob/921466/Datei/3654/TK-Stressstudie_2016_PDF_barrierefrei.pdf, Zugriff am 03.05.2018.

S. 40f.: Thomas Hartl: „Laufend Stress verarbeiten“; in: http://www.forumgesundheit.at/portal27/portal/forumgesundheitportal/content/contentWindow?action=2&viewmode=content&contentid=10007.688337#LaufenersetztKampfoderFlucht, Zugriff am 03.05.2018.

S. 55ff.: Vgl. Rainer Wilkening: „Schützen Sie sich vor Burnout. Antreiber, ihre Bedeutung und mögliche ‚Gegengifte‘“; in: http://www.psychotherapie-davos.ch/Kontakt/Service/Download_Materialien/Antreiberkonzept.pdf, Zugriff am 03.05.2018.

S. 63: Zitat aus: John Eldredge: Der ungezähmte Mann, Gießen/Basel 2003.

S. 64: Vgl. Michael E. McCullough/Robert A. Emmons/Jo-Ann Tsang: „The Grateful Disposition: A Conceptual and Empirical Topography; in: Journal of Personality and Social Psychology, 2002, Vol. 82, No.1, 112-127. Auch unter: https://greatergood.berkeley.edu/pdfs/GratitudePDFs/7McCullough-GratefulDisposition.pdf, Zugriff am 03.05.2018.

S. 66ff.: Vgl. Peter Spork: „Wir Unausgeschlafenen“; in: DIE ZEIT vom 28. Oktober 2010, www.zeit.de/2010/44/Schlafkultur, Zugriff am 03.05.2018.

S. 69ff.: Vgl. Matthias Rudolph: „Resilienz: Wie du Krisen besser überstehst“; in: https://www.zeitzuleben.de/resilienz/, Zugriff am 03.05.2018.

S. 93f.: Basierend auf der „Social Readjustment Rating Scale“ (SRRS) von Thomas Holmes und Richard Rahe, University of Washington School of Medicine. Erstmals veröffentlicht in Journal of Psychosomatic Research, 1967, Vol. 11, Nr. 2, S. 213-221.

S. 96ff.: Die Übung ist angelehnt an „Meine beste Seite“ aus dem Buch „Resilienz - die unentdeckte Fähigkeit der wirklich Erfolgreichen“ von Denis Mourlane, Göttingen 2012, S. 161.

S. 110: Die Faustregel im Zeitmanagement, dass man 40 Prozent der geplanten Zeit als Puffer für unerwartete Dinge einrechnen sollte, findet sich zum Beispiel in: Lothar J. Seiwert: „Das 1x1 des Zeitmanagement“, Speyer 1984.

S. 112f.: Harvard-Studie zur positiven Lebenseinstellung: Eric S. Kim/Kaitlin A. Hagan/Francine Grodstein/Dawn L. DeMeo/Immaculata De Vivo/Laura

D. Kubzansky: Optimism and Cause-Specific Mortality: A Prospective Cohort Study"; in: American Journal of Epidemiology, Vol. 185, 1. Januar 2017, Zugriff am 25.04.2018.